W0367533

Attention fragiles

Marie-Sabine Roger

Attention fragiles

Vocabulaire par
Edith Michaelsen

Ernst Klett Sprachen
Stuttgart

1. Auflage 1 7 6 5 4 3 2 | 2019 18 17 16 15

Alle Drucke dieser Auflage sind unverändert und können im Unterricht nebeneinander verwendet werden.
Die letzte Zahl bezeichnet das Jahr des Druckes. Das Werk und seine Teile sind urheberrechtlich geschützt. Jede Nutzung in anderen als den gesetzlich zugelassenen Fällen bedarf der vorherigen schriftlichen Einwilligung des Verlags. Hinweis zu § 52 a UrhG: Weder das Werk noch seine Teile dürfen ohne eine solche Einwilligung eingescannt und in ein Netzwerk eingestellt werden. Dies gilt auch für Intranets von Schulen und sonstigen Bildungseinrichtungen. Fotomechanische oder andere Wiedergabeverfahren nur mit Genehmigung des Verlags.

© 2007, Éditions du Seuil
Auteur: Marie-Sabine Roger
© Ernst Klett Sprachen GmbH, Rotebühlstraße 77, 70178 Stuttgart 2013.
Alle Rechte vorbehalten.
Internetadresse: www.klett-sprachen.de

Redaktion: Elena Bergmann
Layoutkonzeption: Elmar Feuerbach
Gestaltung und Satz: Satzkasten, Stuttgart
Umschlaggestaltung: Elmar Feuerbach
Titelbild: shutterstock (Rangizzz), New York, NY
Bild S. 126: laif (Bertrand Desprez/VU), Köln
Druck und Bindung: Print Consult GmbH, München
Printed in Slovakia

ISBN 978-3-12-592286-0

Avant la lecture

Chers lecteurs, chères lectrices,

Dans ce roman, vous trouverez quelques exemples de langage familier et de langage enfantin.
Dans le langage familier, il arrive souvent que

– le mot de la négation « ne » ne soit pas dit, comme par exemple dans :

« Ce **n'**est vraiment **pas** la peine… » devient « C'est vraiment **pas** la peine… (p. 10) »

– des e muets et d'autres voyelles ne soient pas prononcées comme dans :

« M**a**man, t**u** as vu… » devient « M'man, t'as vu… (p. 92) »

Les petits enfants, comme le petit Bruno dans le roman, ne savent pas toujours quand il faut le subjonctif et lui préfèrent le présent de l'indicatif :

« Tu préfères que je **fasse**… » (forme correcte) devient alors « Tu préfères que je **fais**… » (p. 15)

Bonne lecture !

Liste des abréviations

≠	antonyme de
→	mot de la même famille
°	h aspiré (pas de liaison : *le/la* devant un substantif, *je* devant un verbe)
[']	h aspiré (pas de liaison : *le/la* devant un substantif, *je* devant un verbe)
enfantin	langage enfantin
etw	etwas
f	féminin
fam	familier
fpl	féminin pluriel
jdm	jemandem
jdn	jemanden
jds	jemandes
licence poétique	changement de l'orthographe d'un mot ou invention d'un mot par l'auteur
m	masculin
mpl	masculin pluriel
péj	péjoratif
pop	populaire
qc	quelque chose
qn	quelqu'un
subj	subjonctif

L'auteur remercie le Centre National du Livre dont l'aide lui a permis de se consacrer entièrement à l'écriture de ce roman.

se consacrer à qc sich einer Sache widmen

Pourquoi j'ai écrit ce livre...

Je ne choisis jamais mes thèmes, ils s'imposent. Mais lorsque le roman est achevé, j'arrive, quelquefois, à remonter la piste. À comprendre d'où est venu ce texte, et pourquoi. Un matin d'hiver, j'ai vu, sur un banc, en plein centre-ville (peu importe la ville), un tout petit gamin et sa mère, mal protégés d'une bâche en plastique qui n'arrêtait sûrement pas le froid. À cet instant, je ne me suis pas dit : Tiens, voilà un bon thème ! J'ai été choquée, bien sûr. J'avais déjà mes trois enfants, je savais à quel point un petit est fragile. Mais je n'ai rien fait de plus. J'étais en voiture, j'ai continué ma route. Et puis j'ai oublié, parce que la vie passe, et nous entraîne toujours un peu plus loin. Plusieurs mois plus tard, j'ai commencé à écrire ce qui est pour le lecteur le second chapitre du livre. Je ne savais pas encore que je venais de faire connaissance avec Nono (et Baluchon). Je ne savais pas non plus que je m'attacherai à eux, à Laurence, Cécile et Nel, à leurs faiblesses et à leurs différences, pendant plus de neuf mois d'écriture. Mais je crois pouvoir dire sans risque de me tromper que Nono est le frère de ce petit garçon transi, dont j'ai croisé le regard, par hasard, un matin d'hiver glacial.

2 **s'imposer (à qn)** *ici :* sich jdm aufdrängen – 3 **achever** terminer, finir – 3 **remonter la piste (de qc)** *ici :* trouver des indices pour expliquer qc – 6 **un gamin** *fam* un garçon – 6 **protéger** schützen – 7 **une bâche** Plane – 8 **Tiens !** *ici :* Hier! – 9 **à quel point...** wie sehr... – 10 **fragile** *ici :* qui peut tomber malade facilement – 12 **entraîner qn** *ici :* jdn mit sich reißen – 16 **s'attacher à qn** commencer à aimer qn – 17 **une faiblesse** ≠ une force – 18 **se tromper** faire une faute – 19 **être transi** *ici :* avoir très froid, ne plus bouger – 19 **croiser le regard de qn** jds Blick begegnen – 20 **par hasard** *m* zufällig – 20 **glacial** aussi froid que la glace

Nel

Ce matin je me suis levé avec un cafard noir.

Je n'aime pas ces jours sans enthousiasme où bouger, seulement, c'est un effort.

Boussole est là, fidèle à mon réveil. Elle a posé sa tête lourde sur le drap. Elle scande son bonheur de me voir éveillé à grands fouettements de sa queue contre le bois du lit. Je la gratouille, je la flatte. Mes mots d'amour glissent doux, dans le sens du poil, court, épais. Elle m'aime, en retour, à coups de langue chaude.

Je m'extrais du lit, me dirige à pas comptés jusqu'à la salle de bains. Je me méfie. Être aveugle depuis l'enfance m'interdit l'insouciance. Un pas hors de mes rails, hors des chemins connus et me voilà désorienté. Perdu.

Mes orteils se recroquevillent sous l'agression du carrelage froid. Douche tiède, shampooing. La figure embarbée de mousse, les yeux serrés menu, crispés comme des poings, je cherche au jugé le pommeau de la douche, qui me nargue. Enfin, devant le lavabo qui me glace les cuisses, je me brosse les dents.

Soigneusement pliés par ma mère, dans cet ordre immuable qui exclut toute surprise de ma vie, mes habits m'attendent,

2 **un cafard** *fam* un sentiment de tristesse *f* – 5 **une boussole** Magnetkompass *ici : le nom du chien* – 5 **fidèle** treu – 6 **un drap** Bettlaken – 6 **scander** [skɑ̃de] *ici :* montrer – 6 **à grands fouettements** *mpl* **de la queue** mit heftigem Schwanzwedeln – 7 **gratouiller** *fam* kratzen – 8 **flatter** *ici :* streicheln – 8 **glisser** gleiten – 8 **dans le sens du poil** *m* mit dem Strich (**le poil** *ici :* Fell) – 9 **épais** dick – 9 **un coup de langue** Zungenschlag – 11 **s'extraire** sortir difficilement – 11 **un pas** Schritt – 12 **se méfier** *ici :* faire attention – 12 **être aveugle** quand on ne peut pas voir – 13 **l'insouciance** *f* Unbekümmertheit – 13 **hors de qc** außer(halb) einer Sache – 13 **un rail** [ʀɑj] Schiene – 15 **un orteil** [ɔʀtɛj] Zeh – 15 **se recroqueviller** [ʀ(ə)kʀɔk(ə)vije] sich einrollen – 15 **le carrelage** Fliesen – 16 **tiède** pas très chaud – 16 **la figure** le visage – 16 **embarbé** qui forme une *barbe* (Bart) – 17 **serré menu** *ici :* bien fermés – 17 **crispé** *ici :* zusammengekniffen – 17 **un poing** [pwɛ̃] Faust – 18 **au jugé** *ici :* nach Gefühl – 18 **un pommeau de douche** Duschkopf – 18 **narguer qn** *ici :* jdn ärgern wollen – 19 **une cuisse** Oberschenkel – 21 **soigneusement** sorgfältig – 21 **plier** zusammenlegen – 21 **immuable** qui ne change pas – 22 **exclure** ausschließen – 22 **un habit** un vêtement

prêts à flotter sur ma carrure large, que je n'ai pas encore bien *remplie*.

La porte d'entrée se referme, mon père vient de partir au travail.

J'entends crisser le gravier de l'allée du garage. La portière claque.

Vibre sourdement dans l'épaisseur des vitres l'enrouement catarrheux du diesel.

Dans la cuisine, ma mère me bise, me décoiffe, *allez, maman, arrête*, puis elle tire pour moi la chaise, remplit mon bol, sucre et touille. Un jour, elle boira mon café à ma place, j'en suis sûr. Enfin, elle prend sa voix des jours *la-vie-est-dure*, en beurrant mes tartines. Moi qui ai horreur de ça.

Pendant que je déjeune, main posée à plat sur le flanc du bol tiède, gestes prudents, elle me tient au courant de la vraie vie, des choses essentielles.

Les guerres, ici ou là. Partout. Un nouveau conflit qui éclate. Le temps qui a fraîchi, je devrais me couvrir. Quand même, *on* n'en sortira donc jamais, Algérie, Tchétchénie, quand est-ce qu'*on* sera enfin tranquille ? Il paraîtrait qu'ils ont des camps, qu'ils se trucident à la machette (ceux-là peut-être pas, mais il lui semble bien qu'ailleurs…). En tout cas, ça viole et pille à tour de bras. Voir de pareilles horreurs de nos jours ! Et avec ça, j'ai une petite mine, moi. Je dois manquer de magnésium ou quelque chose, non ? Il faut mieux manger, le matin. C'est vraiment pas la peine que je tombe malade, *en plus*… Surtout l'année du bac ! Toutes réflexions d'égale importance, que

1 **flotter** *ici :* hängen – 1 **une carrure** *ici :* Schulter – 5 **crisser** knirschen – 5 **le gravier** Kies – 7 **sourdement** dumpf – 7 **une épaisseur** Dicke – 7 **une vitre** une fenêtre – 7 **un enrouement catarrheux** schleimige Heiserkeit – 9 **décoiffer qn** jds Haare zerzausen – 10 **tirer** heranziehen, heranrücken – 11 **touiller** [tuje] *fam* rühren – 14 **un flanc** *ici :* un côté – 15 **prudent** vorsichtig – 15 **tenir qn au courant de qc** donner des nouvelles de qc à qn – 17 **éclater** *ici :* ausbrechen – 21 **se trucider** *fam* se tuer – 22 **il semble à qn que…** jd hat das Gefühl, dass – 22 **ailleurs** [ajœʀ] woanders – 22 **ça …** *fam expression* es wird … – 22 **violer** vergewaltigen – 22 **piller** [pije] voler – 22 **à tour** *m* **de bras** *m expression* massenhaft – 23 **pareil** *ici :* solch – 23 **avec ça** *fam* en plus de ça – 25 **C'est pas la peine que** *fam ici :* ce serait bête que – 27 **une réflexion** *ici :* Bemerkung

j'entends sans même écouter, noyé dans mon café au lait, puisant sans fin de la cuillère, dans l'espoir de sauver, au hasard, des miettes rescapées du *Biscotitanic*.

Boussole m'est venue tout contre, sa tête échouée sur ma cuisse s'abîme en un soupir profond. Je caresse furtivement ses oreilles électriques. Elles tressaillent sous mes doigts.

Ma mère apporte mon blouson. Elle veut m'aider, *mais si, mon grand, ça va plus vite*. Je me dégage d'un geste un peu trop brusque, contre lequel elle n'ose protester. Je lui arrache au vol mes gants, c'est bon, je les mettrai moi-même ! C'est pénible, l'amour d'une mère, parfois. J'ai des envies d'indifférence. Tu le comprends, ça ? J'ai vingt ans. Je vais bien. Malgré tout.

Oublie-moi.

Le gravier crisse, une fois encore. Halète la chienne. Grince le portail.

Dans la rue, la vie s'englue dans un presque silence, rares passants, rares autos. Boussole va son chemin sans hésiter, dans les ténèbres du dehors.

Je suis prisonnier sans espoir. Pas pour moi, la remise de peine. Moi, c'est perpétuité galère. C'est long, si long, une vie à ramer.

La rue Edmond-Rostand déroule sous mes pieds sa pente douce. Croisement. Boussole tire à gauche, elle connaît mieux que moi nos raccourcis.

1 **noyé** *ici : fig* ertränkt – 2 **puiser** schöpfen – 2 **une cuillère** [kɥijeʀ] Löffel – 2 **au hasard** *m* zufällig – 3 **une miette** Krümel – 3 **être rescapé** überleben – 4 **tout contre qn** eng an jdm – 4 **échouer** *ici :* landen, stranden – 5 **s'abîmer** versinken – 5 **un soupir** Seufzer – 5 **profond** tief – 5 **furtivement** heimlich – 6 **une oreille** [ɔʀɛj] Ohr – 6 **tressaillir** erbeben, zusammenzucken – 8 **se dégager** se libérer – 9 **oser faire qc** es wagen, etw zu tun – 9 **arracher qc au vol** im Vorbeigehen etw wegreißen – 10 **un gant** Handschuh – 10 **pénible** énervant – 11 **l'indifférence** *f* Gleichgültigkeit – 12 **malgré** trotz – 14 **haleter** hecheln – 14 **grincer** quietschen – 16 **s'engluer** *ici :* versinken – 17 **hésiter** [ezite] zögern – 18 **les ténèbres** *fpl* Dunkel – 19 **une remise de peine** quand on peut sortir plus tôt de prison – 20 **la perpétuité** pour toujours, pour toute la vie – 20 **une galère** *ici :* (Galeeren)strafe – 21 **ramer** rudern *ici :* sich abstrampeln – 22 **une pente** Gefälle – 23 **un croisement** Kreuzung – 24 **un raccourci** un chemin plus court

Un galop d'enfants me déboule, m'enveloppe, s'éloigne à toute allure, dans un halo de cris aigus qui m'agacent la langue et les oreilles, comme un vinaigre un peu trop fort. Leur cavalcade éveille des battements de tambour tout au long de la passerelle. J'écoute malgré moi ces percussions sauvages au pouls irrégulier.

Lorsque je m'y engage à mon tour, la passerelle en fer vibre encore sous mes pas, faiblement. Je m'arrête. Et Boussole avec moi.

Je me tourne vers la gare et ses trains qui ne sont que fantômes de bruit. J'entends le brouhaha feutré du boulevard, les piaillements déjà lointains des gamins qui m'ont dépassé tout à l'heure. Je pressens l'arrivée d'une locomotive, qui vient de quelque part, là-bas.

Je sens cet air, entre le sol à claire-voie et moi.

Il suffirait d'un rien. Boussole arrimée malgré elle à la rambarde froide, sa laisse entortillée au jugé, fermement. Mes gants ôtés, pour une caresse ultime à son pelage dru. Mes mains assurant leur appui sur la rampe. Rapide enjambement.

Le saut à l'élastique. Sans.

J'arrache mes lunettes, je les tiens loin de moi, je me penche vers cet incalculable vide. L'air vif crochète mes paupières,

1 **débouler** *fam* arriver tout à coup – 1 **envelopper** einhüllen – 1 **s'éloigner** partir plus loin – 2 **à toute allure** *f expression* très vite – 2 **un halo** [ˈalo] *ici :* Hülle – 2 **aigu, aigüe** [egy] hoch, schrill – 2 **agacer** énerver – 3 **un vinaigre** Essig – 4 **une cavalcade** *ici :* turbulente Rennerei – 4 **éveiller** *ici :* verursachen – 5 **une passerelle** Bahnsteigüberführung – 5 **malgré moi/elle/lui** gegen meinen/ihren/seinen Willen – 5 **sauvage** wild – 7 **s'engager** *ici :* commencer à marcher sur qc – 7 **le fer** [fɛʀ] Eisen – 11 **un brouhaha** [bʀuaa] Lärm – 11 **feutré** gedämpft – 12 **un piaillement** [pjɑjmɑ̃] Geplärr – 12 **dépasser qn** jdn überholen – 15 **l'air** *m ici :* Luft – 15 **un sol** Boden – 15 **à claire-voie** *f ici :* mit Zwischenräumen – 16 **il suffit de qc** *expression impers.* es genügt etw – 16 **arrimer** attacher (festbinden) – 17 **une rambarde** Geländer – 17 **une laisse** Leine – 17 **entortiller** [ɑ̃tɔʀtije] herumwickeln – 17 **fermement** fest – 18 **ôter** enlever – 18 **un pelage** Fell – 18 **dru** dicht – 19 **assurer son appui** *ici :* sich festhalten – 19 **une rampe** *ici :* Geländer – 19 **un enjambement** passer la *jambe* (Bein) par-dessus qc – 20 **un saut à l'élastique** Bungeejumping – 21 **se pencher vers qc** sich zu etw beugen – 22 **vif, vive** *ici :* froid – 22 **crocheter** *ici :* stechen – 22 **une paupière** Augenlid

me tire des larmes de froid, suivies d'autres, que je n'essaie même pas d'arrêter. Une main se serre à ma gorge, une autre froisse nerveusement mon estomac, me chiffonne comme un brouillon. Je ne sais pas pourquoi. C'est, depuis quelque temps, comme ça : une mélancolie qui me noie. J'ai beau tenter l'indifférence, ça monte en moi, triste ascenseur. Arrivé en haut, à l'étroit palier de la gorge, ça m'étouffe.

Je pleure à grosses gouttes lourdes.

Où s'échoue mon averse ? Et quelle est sa couleur ?

Je sors maladroitement un paquet de mouchoirs de ma poche, empêtré par l'épaisseur des gants, qui me font les doigts gourds, énormes, malhabiles.

Ma tristesse imprévue s'enfouit dans le buvard. Je respire, à ras bord.

Un instant, il m'a semblé que… J'en suis sûr, quelqu'un me regarde. Je fouille le désert, je flaire, ma joue cherche un écho, mes oreilles à l'affût tâtonnent entre les sons, je sors mes antennes, timide.

En bas. Presque en dessous de moi, dans l'autre monde, quelqu'un terré, tapi, me vrille de son œil. Où ?

Droit devant, le train s'enfle comme un dragon de fer. Pas eu le temps de m'y attendre, son chahutvari brutal me saisit. Je fuis au ralenti et, de frayeur, vais jusqu'à précéder le pas

1 **tirer des larmes** *fpl* **à qn** jdm die Tränen in die Augen treiben – 2 **se serrer à la gorge de qn** jdn würgen – 3 **froisser** *ici : fig* zerknittern – 3 **un estomac** [ɛstɔma] Magen – 3 **chiffonner** zerknüllen – 4 **un brouillon** Schmierpapier – 5 **noyer qn** jdn ertränken – 5 **avoir beau faire qc** vergeblich etw tun – 6 **tenter** essayer – 6 **un ascenseur** [asɑ̃sœʀ] Aufzug – 7 **étroit** eng – 7 **un palier** *ici :* Ebene, Höhe – 7 **la gorge** Kehle – 7 **étouffer** ersticken – 8 **une goutte** Tropfen – 8 **lourd** schwer – 9 **une averse** Schauer – 10 **maladroitement** ungeschickt – 11 **être empêtré par qc** *ici :* durch etw behindert werden – 12 **gourd** *ici :* ungeschickt – 12 **malhabile** unbeholfen – 13 **imprévu** à laquelle on ne s'attend pas – 13 **s'enfouir** *ici :* disparaître – 13 **un buvard** Löschpapier – 13 **à ras bord** *m* randvoll *ici :* sehr tief – 16 **fouiller** [fuje] chercher – 16 **flairer** beschnüffeln – 16 **une joue** Wange – 17 **être à l'affût** *m ici :* bien écouter – 17 **tâtonner** *ici : fig* chercher avec les mains – 20 **se terrer** se cacher – 20 **se tapir** sich verkriechen – 20 **vriller qn** regarder fixement qn – 21 **s'enfler** devenir plus gros – 22 **un chahutvari** *ici : licence poétique* **un chahut + un charivari** Tohuwabohu – 22 **saisir** *ici :* surprendre – 23 **fuir** partir vite – 23 **au ralenti** im Zeitlupentempo – 23 **la frayeur** [fʀɛjœʀ] la peur – 23 **précéder** *ici :* marcher devant qn

trop raisonnable de Boussole. J'éponge de nouveau mes yeux, nerveusement. Je me rhabille, par pudeur : lunettes, armure. Protection.

Une fois oubliée la passerelle, le boulevard s'annonce à grand bruit. J'y viens par les senteurs du parc, bruissonnement de l'air dans les cyprès, feuilles sèches tombées, crissaillant sous les pas.

Station des cars.

1 **éponger** abtupfen – 2 **la pudeur** Scham – 2 **une armure** Panzer, Rüstung – 4 **une fois** + *participe passé* après que + *présent* – 5 **une senteur** un parfum – 5 **un bruissonnement** Rascheln – 6 **crissailler** → **crisser** knistern

Nono (et Baluchon)

Ce matin, j'ai les yeux qui piquent. Je souffle du brouillard par le nez, et des petits nuages allongés par la bouche. J'ai remonté mon col, mais ça couvre pas bien mes oreilles. Je les frotte de temps en temps. Pas trop longtemps, parce qu'il faut sortir les mains de mes poches, et après ça me fait froid partout. Maman est partie travailler à la gare. Comme tous les jours, elle m'a dit :

« Bouge pas de là, mon amour, reste tranquille. Tout à l'heure, je reviendrai avec des croissants. Essaie de dormir encore un peu, en attendant. »

J'ai pas pu dormir beaucoup, Baluchon avait envie d'aller faire pipi.

« T'énerve ! je lui ai dit. Faut toujours que t'as envie quand il fait froid !

– Tu préfères que je fais pipi dans le lit, peut-être ?

– Non, je préfère pas. Je préfère que tu me laisses tranquille.

–

…

– Baluchon ?

– …

– Si tu fais dans le lit, je le dis à maman, que c'est toi !

–

…

– Oheu ! Baluchon ! Fais pas pipiiii, t'entends ! »

J'avais plus sommeil, maintenant. Je suis sorti du lit. Baluchon a fait, vite, vite, juste à côté de la maison, c'était temps qu'on sorte ! Pour un peu, il pouvait plus se retenir ! C'est parce qu'il est petit. Pour moi aussi, avant, c'était pareil.

2 **piquer** *ici :* jucken – 2 **souffler** ausatmen – 2 **un brouillard** [bʀujaʀ] Nebel(hauch) – 3 **allonger** devenir long – 4 **un col** Kragen – 4 **couvrir** zudecken – 4 **frotter** reiben – 17 **laisser qn tranquille** jdn in Ruhe lassen – 26 **avoir sommeil** [sɔmɛj] *m* avoir envie de dormir – 29 **c'est pareil** c'est la même chose

Après, Baluchon et moi, on s'est habillés, on a mis le nez dehors. Je me lève pas aussi tôt, d'habitude. C'était plein de brouillard, juste en dessous du pont. On voyait même plus les trains qui sont garés, là-bas. Ensuite, on s'est assis devant la maison, lui et moi, pour discuter.

J'ai vu passer des garçons de l'école, sur la passerelle. Y en avait trois qui couraient en criant. Ils m'ont pas vu, ça risquait pas : ils regardent jamais en bas, ceux qui courent. Je voyais le sommet de leurs têtes, et leurs baskets, entre les barrières. Leurs voix me tombaient du ciel, et puis aussi leurs rires un peu pointus. Ensuite il y a eu un pas tout tranquille. Et puis rien. J'ai levé le nez. C'était un grand avec des cheveux bleus. Un vrai grand, un de ceux qui ont un tout petit sac dans le dos, pas un cartable. Je voyais des pattes de chien, à côté de lui. Y avait sûrement un chien, alors. Sur les pattes. Le grand, il s'est arrêté au milieu de la passerelle. Il est resté là, sans bouger, les bras tout raides, appuyés devant lui, comme ça, les deux mains sur la rampe de fer marron. Je voyais pas bien sa figure, trop loin, trop haut. Il regardait droit devant lui. Peut-être qu'il essayait de savoir ce qu'il y a, après la gare. Peut-être que de là où il était, il voyait jusqu'au bout du monde ? J'y suis jamais allé, sur ce pont. Faudra que je monte voir un peu ce qu'on y voit.

En tout cas, je me suis dit :

« Il en fait, une drôle de tête, celui-là ! »

J'ai dû penser trop fort : le grand, il a tourné la tête. Il a cherché pile vers moi, avec des yeux qui fouillent. J'ai eu peur qu'il me voie, je suis vite rentré au fond de la maison. Cric, crac, ma porte est bien fer-mée, à-clé !

2 **d'habitude** *f* normalement, généralement – 4 **garer** parken – 7 **ça risque pas** *fam* c'est impossible – 9 **le sommet** *ici :* le dessus – 9 **une barrière** *ici :* Brett – 11 **pointu** *ici :* schrill – 14 **un cartable** Schultasche – 14 **une patte** Pfote – 17 **raide** steif – 17 **appuyer** [apɥije] drücken – 21 **jusqu'au bout de qc** bis zum Ende einer Sache – 27 **pile** exactement – 28 **au fond de la maison** ganz hinten im Haus – 29 **fermer à clé** *f* abschließen

« Parle pas aux gens, mon Nono. Si on sait que tu es là, on viendra sûrement te prendre. Et moi, j'aurai trop de chagrin, si tu t'en vas… trop de chagrin, mon Nono, mon amour… »

T'inquiète pas, maman à moi, je suis caché. J'ai rien de moi qui dépasse. Même pas le bout de mon nez qui coule, et zut, plus de papier, ça fait rien j'ai mon pull.

Maman, je suis planqué-sauvé. Personne au monde est assez fort pour me trouver.

J'ai espionné le grand par un trou dans le mur du fond de ma maison.

Trou-petit-trou-tout-minuscule, pour surveiller le monde entier autour de moi, et tous ces gens méchants qu'il y a dedans. Dehors.

Le grand a baissé la tête. Dans le soleil, j'ai vu tomber une petite lumière, de sa figure jusqu'au sol. Une autre. Une autre. Une autre. Tiens, y a pas que moi qui a un rhume qui coule ? Après, je l'ai vu sortir un mouchoir. Alors, dis donc, c'est-pas-croyable, il a rien qu'essuyé ses yeux.

« T'as vu ça, Baluchon ? Il pleure ! »

J'ai trouvé ça idiot, vu que pleurer, c'est fait pour les mamans qui se prennent des baffes. Pour moi aussi, un peu, mais quand j'étais petit. Ça fait longtemps.

Baluchon, il pleure jamais, lui non plus. Et pourtant, il a pas une vie marrante, je peux dire. Il a froid jusqu'au bord des oreilles. Il mange un jour sur deux. Il dort dans des cartons. Heureusement qu'il m'a. Heureusement. Qu'est-ce qu'il ferait sans moi, sinon ?

Du coup, voir un chagrin de grand, même de loin, même par en dessous, ça m'a fait drôle. Un grand, tout habillé avec

2 **avoir du chagrin** être très triste – 4 **t'inquiète (pas)** keine Sorge – 5 **le bout du nez** Nasenspitze – 5 **couler** *ici :* laufen – 7 **planqué** *fam* caché – 7 **sauvé** hors de danger – 9 **un trou** Loch – 11 **surveiller** *ici :* regarder, observer en faisant attention aux dangers – 14 **baisser la tête** den Kopf senken – 16 **un rhume** [ʀym] Schnupfen – 17 **dis donc** *fam* sag mal – 18 **essuyer** sécher (→ sec, sèche) – 20 **vu que** *fam* da – 21 **se prendre une baffe** *fam* eine Ohrfeige bekommen – 24 **marrant** *fam* amusant – 27 **sinon** sonst – 28 **du coup** *fam* deshalb – 29 **ça fait drôle** es ist komisch

une parka où la pluie passe pas au travers, des gants chauds à dormir dedans, et puis un chien à lui, et qui *pleure* ?

« Ou alors… » j'ai pensé (faut toujours que je pense, je sais pas arrêter les idées dans ma tête !).

« Ou alors, il a mal quelque part, peut-être ? »

Comme le jour où ça me tordait dans le ventre, quand j'ai vomi tout ce que le monsieur du restaurant avait donné à maman. Comme la fois où je toussais si fort, avec un drôle de bruit qui me sciait de trouille et l'air qui passait plus, et maman qui disait Ohmondieumondieumondieu. Le pharmacien, il a dit que j'avais la ringite. Il a dit :

« Tenez, donnez-lui ces suppositoires, en attendant. Mais il vaudrait mieux voir un médecin, vous savez ! Vous voulez une adresse ?…

– Non, non, c'est pas la peine, je vous dirai si j'ai besoin… »

Elle m'avait fait drôlement mal, cette ringite.

Et le temps que j'y pense, le grand est parti, la passerelle est vide.

Un train passe, sur les vieux rails du fond.

1 **au travers** durch – 6 **ça me tord dans le ventre** *fam* es dreht mir den Magen um – 7 **vomir** erbrechen – 8 **tousser** husten – 9 **scier** [sje] **qn de trouille** *f fam ici :* faire très peur à qn (**la trouille** *fam* la peur) – 11 **la ringite** → **une laryngite** Kehlkopfentzündung – 12 **un suppositoire** Zäpfchen – 15 **c'est pas la peine** *ici :* laissez, je n'en ai pas besoin

Laurence

J'ai froid. C'est pas possible d'avoir aussi froid. Je suis restée au buffet de la gare un bon moment, et puis Lucas est venu me voir.

« Faudrait que vous alliez faire un petit tour, Laurence. Le patron va passer. S'il vous voit encore ici, ça va gueuler. Vous savez comme il est…

– Ne vous inquiétez pas, j'ai dit. Je vais me promener un peu.

– Revenez vers dix heures. Je vous ai gardé des croissants d'hier, pour votre Nono. Et puis je vais regarder mes fonds de stocks. Je suis sûr qu'en cherchant, on en trouvera, des merveilles ! »

Il est gentil, Lucas. C'est un beau garçon aux yeux doux, tout jeune. La première fois qu'il m'a vue, il m'a dit, d'un air de faire ses excuses :

« Vous savez, moi, j'ai pas un rond. Je peux pas vous donner de l'argent tous les jours. Mais si ça vous arrange, j'essaierai de vous trouver de quoi manger, les fois où je suis là. Si vous saviez tout ce qu'on fout en l'air, ici !… »

Il s'est arrêté pile, en équilibre sur sa phrase, comprenant ce qu'il venait de dire. *Jeter la nourriture ?*

Il a repris, penaud, comme si c'était de sa faute si le monde est si dégueulasse :

« Enfin, ce qu'on jette, souvent, c'est plus très frais. Vous tomberiez malade !… »

J'ai souri, pour lui désamorcer la peine, le remords.

3 **le buffet** *ici :* le restaurant – 6 **un patron** un chef – 6 **ça va gueuler** *fam* il va crier – 11 **un fond de stock** *ici :* les réserves – 13 **une merveille** Wunder – 17 **j'ai pas un rond** *fam* je n'ai pas d'argent – 19 **les fois où** *fam* à chaque fois que – 20 **foutre en l'air** *fam ici :* jeter à la poubelle – 21 **être en équilibre** *m* **sur qc** *ici :* in der Schwebe bleiben – 22 **la nourriture** ce qu'on mange – 23 **reprendre** *ici :* recommencer à parler – 23 **penaud** confus, gêné – 24 **dégueulasse** *fam ici :* ungerecht – 27 **désamorcer qc** *ici : fig* arrêter – 27 **la peine** la tristesse – 27 **le remords** [rəmɔʀ] Schuldgefühl

« Oh, moi, j'ai l'habitude, maintenant. Je peux manger n'importe quoi. Mais c'est mon fils… C'est déjà tellement difficile…

– Vous avez un gamin ? Mince ! Comment vous faites ?

– On se débrouille… »

Il a tout voulu savoir de ma vie. Je lui ai menti, bien sûr. Je nous ai inventé une grande caravane, tout au bout de la zone, après le vieux dépôt. J'ai dit que Bruno allait à l'école. Que j'aurais bientôt du travail. Rien de très grave, en somme. Seulement une mauvaise passe, dont j'allais bientôt voir la fin.

Je lui ai raconté une vraie vie de rêve, pour éviter de voir la pitié dans ses yeux.

Et lui, pour ne pas m'humilier, il a fait semblant de me croire.

J'ai de la peine à penser qu'il y a si peu d'écart entre nous. Il va sur ses vingt ans. Moi, j'en ai trois de plus. Mais ce n'est pas l'avis du miroir des toilettes. Lui, il me dit que j'ai cent ans. Cent ans et rien que du tant pis, de l'erreur et du pas-de-chance. Des fois, je voudrais m'endormir. Me poser là, que tout s'arrête. Quand je suis comme ça, je m'enverrais des gifles. Bruno m'attend. Quand je vais revenir, tout à l'heure, avec les croissants de Lucas, les sandwiches, il va poser sa tête dans mon cou, mon ourson, ma lumière.

Il va me dire :

« Oh, maman, t'as duré longtemps, je m'ai drôlement embêté… »

Je vais me noyer dans ses yeux de gentil Nono. Je vais respirer son odeur de petite chose vivante. Moi, je me sens puer à peine

2 **n'importe quoi** *ici :* alles – 4 **Mince !** *fam* Zut ! – 7 **au bout de** am Ende von – 9 **en somme** finalement – 10 **une mauvaise passe** un moment difficile – 11 **éviter** vermeiden – 12 **la pitié** Mitleid – 13 **humilier qn** jdn demütigen – 13 **faire semblant** faire comme si – 15 **avoir de la peine** *ici :* avoir des difficultés – 15 **un écart** une différence d'âge – 18 **tant pis** dann eben nicht – 20 **une gifle** Ohrfeige – 23 **le cou** Hals – 23 **un ourson** *ici :* Teddy – 25 **durer longtemps** *enfantin* lang brauchen – 25 **je m'ai** *(sic)* **drôlement embêté** je me suis beaucoup *ennuyé* (gelangweilt) – 28 **une odeur** Geruch – 28 **puer** stinken – 28 **à peine** kaum

ouvert les yeux. Mais lui, même crasseux, même pisseux, il sent toujours le bébé, la vanille.

Je vais lui raconter des histoires magiques. Je vais le faire rire avec notre maison des trois petits cochons. La maison de carton à Nono-Baluchon.

Si le loup vient, il aura beau souffler, elle tiendra bon, notre baraque. Si le loup vient, moi, je lui taille les oreilles en pointe, je lui épluche la peau, je le jette dans la marmite, tout nu, avec des haricots. Le coup de la marmite, ça le fait toujours rire, mon Nono.

« Dis, maman, ça fera de la soupe au loup ou de la soupe aux haricots ?

– Sûrement les deux, fripouille. J'en sais trop rien…

– Moi je sais : ça fera de la soupe au louricot !

– Miam ! Au moins, on mangera chaud ! »

On n'est pas les plus malheureux, lui et moi, puisqu'on a des rires.

En attendant, je gèle, je claque du bec, je m'envoie des grands coups de poing dans les épaules, le temps que le patron ait fini sa petite visite quotidienne, et que je puisse enfin me réfugier au chaud.

Le buffet de la gare, c'est l'enfer-paradis.

Terminus la vie, pas de correspondance, mille siècles d'arrêt.

Le patron et sa méchanceté stupide. Lucas et sa douceur, ses rires lumineux.

1 **crasseux** sale – 1 **pisseux** *fam* verpinkelt – 4 **un cochon** Schwein – 6 **un loup** Wolf – 6 **souffler** pusten – 6 **tenir bon** *ici :* ne pas tomber, ne pas se casser – 7 **tailler les oreilles en pointe** *fig* jdn bestrafen – 8 **éplucher la peau** die Haut / das Fell abziehen – 8 **une marmite** Kochtopf – 8 **nu** sans vêtement *ici :* sans *peau* (Haut) – 9 **un °haricot** ['aʀiko] Bohne – 9 **le coup de qc** *fam ici :* das mit etw – 13 **fripouille** *fam* kleiner Racker – 18 **geler** *ici :* avoir très froid – 18 **claquer du bec** *fam* mit den Zähnen klappern – 19 **envoyer un coup de poing** mit der Faust schlagen – 20 **quotidien** täglich – 23 **un terminus** le dernier arrêt d'une ligne de métro, de bus, etc. – 23 **une correspondance** Anschluss

Malgré tout, le buffet de la gare, ça reste le seul endroit à peu près habitable. Les quais, c'est courant d'air, frigo, chope-la-mort. Et dehors, dans la rue, c'est pire.

Dehors, c'est le regard des passants qui te tue. Leurs yeux moches, qui évitent à tout prix de te voir, qui te transforment en vitre mince.

Bien sûr, il y en a qui t'épargnent les sermons gratuits, en promotion pour une aumône. Qui te glissent un simple mot gentil, bon sang, il caille, ça va, c'est pas trop dur ? Et qui vont au distributeur, sans rien te demander, pour te ramener un jus de fruit, un paquet de bonbons.

« Vous aimez ça, au moins, les caramels ?… »

Si j'aime ça ? C'est mieux que du plaisir, c'est du luxe. Tout ce qui existe en plus de mes simples besoins. Un goût d'enfance. Le bruit du papier qu'on froisse, et qui ramène à cette vie d'avant, quand il y avait des bonbons à l'entracte, et des entractes, au cinéma. Ce goût de lait sucré qui nettoie d'un seul coup la vie autour de moi, repeint le banc vert qui s'écaille, balaie les papiers gras tombés de la poubelle, les mégots incrustés dans le béton noirci. Freine la course des nomades pressés, qui vont d'un lit tout tiède à un bureau chauffé bien au-delà du supportable. Et le temps que ce parfum de miel et de douceur s'éloigne, j'aurai oublié, presque totalement, ces morsures d'hiver qui me recroquevillent. L'air glacé qui se faufile au travers des lattes du banc, sans répit. Me lacère. Ma vie de chien errant qui renonce à errer.

2 **un quai** Bahnsteig – 2 **un courant d'air** Luftzug – 2 **chope-la-mort** *fam* da holt man sich den Tod – 5 **moche** *fam* ≠ beau – 7 **épargner qc à qn** jdm etw ersparen – 7 **un sermon** une leçon de morale – 8 **une aumône** Almosen – 8 **glisser** *ici :* dire *doucement* (sanft) – 9 **Bon sang !** *fam* Verdammt! – 9 **il caille** *fam* il fait très froid – 10 **un distributeur** *ici :* Verkaufsautomat – 14 **un goût** Geschmack – 16 **un entracte** une pause – 17 **nettoyer** reinigen – 18 **s'écailler** abblättern – 19 **balayer** (weg)fegen – 19 **un mégot** un reste de cigarette – 20 **incrusté** *ici :* collé – 20 **noircir** devenir noir – 20 **freiner** *ici :* faire aller moins vite – 21 **pressé** qui doit aller vite – 22 **bien au-delà** weit über – 22 **le supportable** was erträglich ist – 22 **le miel** Honig – 23 **s'éloigner** *ici :* disparaître – 24 **une morsure** → **mordre** beißen – 24 **se faufiler** *ici :* ziehen – 25 **sans répit** *m* sans arrêt – 25 **lacérer** *fig* couper – 26 **errant** → **errer** streunen – 26 **renoncer à faire qc** décider de ne pas faire qc

J'aurai oublié tous ces faux charitables, avec leur pitié mensongère. Donneurs de leçons. Soupçonneux : « C'est pas pour boire, au moins ? » Qui te crucifient à vif sur ta détresse, en te jetant de quoi t'acheter un chewing-gum, puis s'échappent, à grands pas pressés de coliques. Et s'ils pouvaient courir pour t'oublier plus vite, ils le feraient. C'est pas difficile de les imaginer, au premier lavabo venu, en train de se laver les mains, frotte, frotte.

Des fois que ce serait contagieux, la misère.

Sans parler des haineux. Ceux qui méprisent à haute voix. Mots pires que des crachats, faire la manche à cet âge-là, si c'est pas une honte… Encore drogue et compagnie. Tu ferais mieux d'aller bosser, feignasse ! Parasite !

Vaut rien.

Le patron de Lucas, c'est ce genre. Il me toise, bouffi d'orgueil, de suffisance. Lui, c'est quelqu'un : il touche un salaire, ça lui donne le droit de me juger. Il me regarde comme si j'étais une merde. J'ai pas d'autres mots pour le dire. Et tant pis si ça choque. La vraie vulgarité, elle n'est pas dans les mots. Elle est dans la crasse des âmes.

Lui, quand il pose les yeux sur moi, je me sens devenir pire que de l'ordure.

Je suis salie de voir mon reflet dans ses yeux.

J'ai tout de suite su à quel point ce serait une histoire d'amour, lui et moi. Rien qu'à sa façon de me tutoyer, la

1 **un charitable** Wohltäter – 1 **la pitié** la compassion – 2 **mensonger** ≠ vrai – 2 **soupçonneux** *ici :* ne pas croire qn – 3 **crucifier qn** jdn kreuzigen – 3 **à vif** *ici :* vivant – 3 **la détresse** Hilflosigkeit – 4 **s'échapper** partir très vite – 5 **pressé** *ici :* rapide – 8 **frotter** *ici :* (sauber)reiben – 9 **contagieux, -euse** ansteckend – 10 **un °haineux** ['ɛnø] hasserfüllter Mensch – 10 **mépriser** verachten – 11 **un crachat** → **cracher** spucken – 11 **faire la manche** *fam* schnorren – 11 **si c'est pas une honte** *expression* Was für eine Schande! – 12 **et compagnie** *fam* und Co – 13 **bosser** *fam* travailler – 13 **feignasse** *péj* Faulpelz – 14 **vaut rien** → **valoir qc** etw wert sein *ici : jeu avec le mot* **un vaurien** Taugenichts – 15 **toiser** verachtlich anschauen – 15 **bouffi de qc** *ici : péj* voller etw, aufgeblasen sein – 16 **l'orgueil** [ɔʀgœj] *m* Stolz – 16 **la suffisance** Selbstgefälligkeit – 16 **toucher un salaire** einen Lohn erhalten – 18 **tant pis si** *fam ici :* ist mir egal, wenn – 20 **la crasse** Dreck – 20 **une âme** Seele – 22 **l'ordure** *f* Müll – 23 **être sali** sich beschmutzt fühlen – 25 **rien qu'à sa façon de** *fam* allein wie – 25 **tutoyer** [tytwaje] **qn** dire « tu » à qn

première fois qu'il m'a vue, assise à une table. « Qu'est-ce que tu fous là, toi ?

– Je me réchauffe un peu.

– C'est pas les Restos du Cœur, ici. C'est fait pour les clients qui paient ! T'as rien à faire là ! »

Ce *tu* sans amitié, dédaigneux, réducteur, quelle injure ! Tutoiement du colon pour le *nègre*, monumental mépris, qui m'a percutée de plein fouet. Humiliée.

Avant lui, je n'y croyais pas, au tout blanc-tout noir, vrais gentils-vrais méchants. Je cherchais des excuses au monde entier, sûre de toujours trouver quelque part une parcelle de douceur. Mais le patron, c'est de la haine en tube, du concentré de connerie.

Faut l'avoir vécu, entendu, supporté, pour comprendre. Savoir.

Le buffet de la gare, à le croire, c'est son terrain, son fief. Propriété privée.

Privée, oui : d'humanité, de cœur, d'intelligence.

Pourtant, je ne fais pas la manche *chez lui*. Je ne suis qu'une ombre silencieuse. Effacée, mieux qu'avec une gomme. Discrète.

Propre et nette, grâce à mon tout gentil Lucas.

Lucas, lui, me dit *vous*. Rien qu'avec ça, il me remet debout. Je peux le regarder en face, à taille égale. Il me fait cadeau du journal, à peine lu. C'est important deux fois : ça me laisse l'impression d'exister, puisque je sais ce qui se passe autour de moi. Et ça nous sert de matelas, ça nous protège un peu du froid.

2 **foutre** *fam* faire – 4 **les Restos du Cœur** *des restaurants où les personnes pauvres ont à manger gratuitement* – 6 **dédaigneux** → **le dédain** Verachtung – 6 **réducteur** → **réduire** verringern – 7 **un colon** Kolonist – 8 **percuter qn/qc** auf etw/jdn prallen – 8 **de plein fouet** avec beaucoup de force – 11 **une parcelle** une partie – 12 **de la haine en tube** *m fam* purer Hass – 13 **la connerie** *péj* Schwachsinn – 14 **supporter qc** *ici :* etw ertragen müssen – 16 **à le croire** wenn es nach ihm geht – 16 **un fief** [fjɛf] *ici :* Revier – 17 **une propriété privée** eigener Besitz – 18 **être privé de qc** an etw fehlen – 20 **une ombre** Schatten – 20 **effacé** gelöscht, ausradiert – 22 **net** ordentlich – 24 **la taille** *ici :* la hauteur – 24 **égal** gleich – 25 **à peine** kaum – 27 **servir de qc** als etw dienen – 27 **un matelas** [matlɑ] Matratze

Il réserve les toilettes pour Nono et moi, une demi-heure, les jours où il est là. Porte barricadée, « temporairement hors service ». Lorsque des voyageuses ont un besoin pressant, il s'excuse, de son joli sourire :

« On a des fuites, ça fait inondation. Le plombier est en train de réparer tout ça. Il en a bien pour une demi-heure… Si c'est urgent, vous trouverez d'autres toilettes, à la sortie, à côté du parking des cars… »

Et nous, pendant ce temps, on se bichonne. Mon Nono en premier, mon amour, ma merveille. Toilette au savon, shampooing au-dessus du lavabo, petite lessive en vitesse. Séchage délicieux, sous le séchoir à main… Doux frissons de plaisir sous le courant d'air chaud.

S'il savait que je me lave dans *ses* lavabos, avec *son* eau, et *son* savon, il en ferait une hépatite, le patron !

Du coup, c'est encore meilleur d'être propre.

Mais Lucas ne vient pas tous les jours. Il ne travaille ici que trois fois par semaine. Lundi-mercredi-vendredi. Et le week-end, de temps en temps.

Le reste du temps, les croissants, les sandwiches partent à la poubelle. Les toilettes s'ouvrent à tout bout de champ, impossible de se laver. Mon Bruno garde sur sa peau l'odeur de sauvagine des nuits à *fuites*, dont il émerge au matin, mouillé jusqu'au ventre, penaud. Quand sa douce odeur de cannelle se voile derrière l'autre, puissante. Celle des auréoles d'urine qui marquent le duvet de cernes journaliers et permettent

2 **hors service** *ici :* en panne – 3 **avoir un besoin pressant** avoir besoin d'aller très vite aux toilettes – 5 **une fuite** Leck – 5 **une inondation** *ici :* Wasserschaden – 5 **un plombier** Klempner – 6 **en avoir pour une demi-heure** avoir besoin d'une demi-heure – 9 **se bichonner** *fam* se faire beau – 10 **un savon** Seife – 12 **séchage** → **sécher** trocknen – 12 **un frisson (de plaisir)** Beben (vor Wonne) – 21 **à tout bout de champ** *m fam* sans arrêt – 23 **la sauvagine** Wasser- und Sumpfvögel – 23 **une fuite** *ici :* quand Nono a fait pipi sur lui – 23 **émerger** *ici :* se réveiller – 23 **mouillé** nass – 24 **la cannelle** Zimt – 25 **se voiler** *ici :* disparaître – 25 **une auréole** *ici :* Fleck – 26 **un duvet** *ici :* Schlafsack – 26 **un cerne** *ici :* Ring – 26 **journalier** de chaque jour

de dénombrer les jours. Comme on peut compter les années écoulées, sur le tronc des arbres abattus.

Le reste du temps, le patron trône derrière son comptoir, l'œil gras, l'esprit glaireux. Et comme je n'ai plus le courage d'affronter son mépris, ce reste de temps-là, loin de la gare, je tends ma main ouverte, devant moi, sans détailler les gens qui passent.

Je fais la manche en évitant de réfléchir. En évitant de me souvenir du regard que j'avais, moi, il n'y a pas si longtemps, pour les clodos, les zonards, assis dans les recoins des entrées de garages, sous les portes cochères. Dans l'ombre, au ras du sol. Écrasés par tous ces regards, qui leur tombent dessus, de si haut.

J'oublie ma vie d'indifférence. Ma vie d'avant la différence.

Moi, je mendie debout, sans écriteau, sans rien. Quand parfois j'entrevois mon reflet, au hasard d'une vitrine, j'hésite à me reconnaître. J'ai maigri, je flotte au large dans mes habits froissés. Plus froissés encore, mes yeux cernés de faux plis. Mes cheveux sont trop longs, mal coupés. Je les rassemble au mieux, au plus mal, d'une barrette en plastique minable. Je suis laide, sans charme, avec des airs pâlots de Pierrot mal grimé. Je ressemble à un jouet cassé. Un rebut.

Je la comprends, la moue indisposée des commerçantes à qui je propose, de moins en moins souvent, mes services, pour

1 **dénombrer** compter – 2 **écouler** *ici :* passer – 2 **un tronc** [trɔ̃] Stamm – 2 **abattre** *ici :* couper et faire tomber – 3 **un comptoir** Theke – 4 **gras, grasse** fett – 4 **l'esprit** *m* Seele – 4 **glaireux → la glaire** Schleim – 5 **affronter** *ici :* erleiden – 6 **tendre** strecken – 10 **un clodo** *fam* Obdachloser – 10 **un zonard** *fam* Asozialer – 10 **un recoin** Winkel – 11 **une porte cochère** une entrée de cour ou de maison – 11 **au ras du sol** dicht über den Boden – 12 **écraser** niedertrampeln – 15 **mendier** betteln – 15 **un écriteau** *ici :* du papier carton où il est écrit qc – 16 **entrevoir** flüchtig sehen – 17 **flotter au large dans un vêtement** *ici :* le vêtement est devenu trop large, trop grand pour Laurence – 18 **froissé** zerknittert – 18 **un faux pli** Knitterfalte – 19 **rassembler** *ici :* zusammenbinden – 20 **une barrette** Haarspange – 20 **minable** *ici :* de mauvaise qualité – 21 **avec des airs pâlots** *ici :* mit leicht blassen Gesichtszügen – 21 **Pierrot** *personnage de théâtre inspiré de la Commedia dell'arte et dont le visage et le costume sont blancs* – 21 **grimé** geschminkt – 22 **ressembler à qc/qn** etw/jdm ähneln – 22 **un rebut** Abfall – 23 **une moue indisposée** mit angewidertem Gesichtsausdruck – 23 **un commerçant** un vendeur

des petits boulots. Alors je préfère me détourner de ce spectre, si différent, si loin de moi-dedans : Laurence, vingt-trois ans, un enfant, une vie à vivre. Un avenir…

J'oublie cette silhouette déjà voûtée. Usée en si peu de jours, si peu que c'en est effrayant. Je me redresse avec un reste de courage. Regardez-moi. Je réclame ce qui m'est dû, l'écoute, le respect. Je suis tout à fait comme *vous*.

Une fois le sursaut de fierté passagère évanoui dans l'air humide, quand mes épaules recommencent à me faire mal, quand je sens les crampes escalader le long des jambes et que l'envie de pleurer joue les marées montantes, pour me redonner l'ombre d'un sourire, l'envie de m'accrocher vraiment, je pense à mon bébé, ma grenouille. C'est mon amarre, qui m'empêche de dériver. Comment être assez lâche pour sombrer ? Je suis celle qui le protège. Je suis sa forteresse. Son rempart.

Il m'attend, mon Bruno, qui dort sous le duvet trop mince, là-bas, presque en dessous de la grande passerelle, dans notre grand carton de réfrigérateur.

1 **un petit boulot** *fam* Gelegenheitsjob – 1 **se détourner** *ici :* sich abwenden – 1 **un spectre** *ici :* un fantôme – 4 **voûté** krumm – 4 **usé** abgenutzt, ruiniert – 5 **effrayant** [efʀɛjã] qui fait très peur – 6 **être dû à qn** was einem zusteht – 8 **un sursaut de fierté** *f* Aufflammen von Stolz – 8 **passager** *ici :* court – 8 **évanoui** *ici :* erloschen – 9 **humide** feucht – 10 **une crampe** Krampf – 10 **escalader** *ici :* monter, grimper – 11 **jouer qc** *ici :* wie etw wirken – 11 **une marée montante** Flut – 12 **s'accrocher** *fam* durchhalten – 13 **une grenouille** Frosch – 14 **une amarre** *ici : fig* Halteleine *(Schiff)* – 14 **empêcher qn de faire qc** jdn daran hindern, etw zu tun – 14 **dériver** abtreiben *(Schiff)* – 14 **lâche** ≠ courageux – 15 **une forteresse** Festung – 16 **un rempart** Schutzwall

Nel

On est sortis à onze heures, aujourd'hui. La prof de français entame sa dépression annuelle, et ne sera pas remplacée avant la semaine prochaine. On s'agglutine à la sortie, devant les grilles. Yohan dit :

« Café ?

– Je veux ! »

Alex est déjà là, il sort à dix heures le lundi. Il en profite pour nous présenter sa cousine. Elle vient de Bordeaux, et va vivre ici quelque temps, pour des raisons qui… et dont je me…

Elle s'appelle Cécile. Elle s'assied en face de moi. Je sens son parfum de fruit et de santal. Elle lape son thé citron (chimique), à petites gorgées. J'aime bien ce bruit-là. Elle parle d'une voix grave, profonde. Je m'étonne de son rire ébouriffé, qui s'achève en fêlure rauque. Elle plaisante avec Yo et Tina. Elle a dû poser son regard attentif sur tous ceux qui sont là, affalés sur leur chaise, autour de notre table de bistro.

Je ne sais pas si elle est agaçante ou non. Elle rit beaucoup. Elle pose trop de questions. Des pourquoi comment qui s'enchaînent, te poussent, que tu le veuilles ou pas, dans tes plus petits recoins.

Tout de suite, elle a voulu savoir :

« À qui c'est, ce clebs, sous la table ? »

J'ai répondu :

« À moi.

– Ils laissent entrer les chiens, ici ? C'est cool.

– C'est une chienne.

3 **entamer** commencer – 4 **s'agglutiner** se regrouper – 5 **une grille** [gʀij] Gittertür – 12 **le santal** *ici :* Sandelholzöl – 12 **laper** *ici :* boire comme un chat/chien – 13 **une gorgée** Schluck – 14 **grave** *ici :* dunkel – 14 **profond** tief – 14 **s'étonner** être surpris – 14 **ébouriffé** *licence poétique* zerzaust, wild – 14 **s'achever** finir – 15 **une fêlure** Bruch – 15 **rauque** rau, heiser – 15 **plaisanter** scherzen – 16 **affalé** versunken – 18 **agaçant** énervant – 20 **s'enchaîner** rasch aufeinander folgen – 20 **pousser** drängen – 20 **veuilles** *subj de* vouloir – 23 **un clebs** [klɛps] *fam* un chien

– Pourquoi tu lui mets ce truc, là ? Tu la prends pour un chien de traîneau ?

– …

– Comment elle s'appelle, ta chienne ?

– Boussole.

– Boussole ? C'est drôle, comme nom… Et toi, c'est comment ?

– Nel.

– C'est le diminutif de quoi, Nel ?

– Nelson.

– Tu charries ?

– Un de mes grands-pères est anglais. »

Elle fait une pause, se trouble :

« Anglais ? Oh, alors… »

Elle est bien comme toutes les filles : l'étranger, l'ailleurs, ça la fait fantasmer tout bas…

Maintenant elle se tourne sur sa gauche, et parle avec Tina. La conversation roule de tous côtés, rien de neuf ni d'intéressant. Boussole soupire contre ma jambe. Elle en a marre. Et envie de pisser.

« Et toi, Nel, tu fais quoi, pour Noël ? »

La voix de Cécile, soudain (dix heures, nord-nord-ouest), me vient par le travers. Je frémis. Elle insiste :

« Hein ? Où tu vas ? »

La question piège reste en suspens. J'ignore. Je me fais silencieux, impénétrable. L'esprit vide, qu'elle ne puisse pas lire à l'intérieur de moi.

Déconcertée, elle hésite, puis renonce à s'appesantir. Elle doit chercher du regard quelqu'un d'autre, Alex, Tina, Yohan. N'importe qui, pourvu d'une réponse… Un truc normal, bateau, genre je vais skier en Espagne avec mes vieux, ou bien

2 **un traîneau** Schlittenhund – 11 **charrier** *fam* scherzen – 16 **tout bas** leise – 19 **soupirer** seufzen – 23 **frémir** leicht zittern – 25 **une question piège** Fangfrage – 25 **rester en suspens** *m* im Raum stehen – 26 **impénétrable** qui ne laisse pas deviner ses pensées – 28 **déconcerté** verwirrt – 28 **s'appesantir** *ici :* insister – 30 **être pourvu de qc** posséder qc – 31 **bateau** *ici : adj* banal, simple

on a loué un appart à la montagne trop génial, ou encore on va fêter ça avec la famille au complet et je te dis pas la galère. Les autres ont compris le malaise. Ils embrayent, mais les rires diesels sont longs à démarrer, les plaisanteries cahotent, ont des ratés. Mauvais acteurs. Amis.

Elle n'est pas au courant de tout, Cécile. Elle n'a pas vu qu'il y a des domaines interdits, que nul ne peut aborder avec moi, des termes à ne pas employer, des noms, des verbes à rayer du vocabulaire.

Partir, vacances, par exemple. Pour ne citer que ceux-là.

Je suis de ceux qui restent. Mais elle ne le sait pas.

Je finis mon café. Il est amer, presque froid. Dégueulasse. Je renonce à chercher le sucre. Je remonte mon sac sur l'épaule, d'un geste habituel, peut-être un peu nerveux. Je me lève. Je dis :

« Bon, salut, j'ai du boulot pour demain, je me casse ! »

Boussole frétille et m'entraîne, dans un prudent slalom entre les tables, vers le carré brillant de la porte, là-bas.

La bande égrène des au revoir, tchao, salut, à demain comme d'hab. Concert de rires un peu forcés, dont la gaieté bruyante sonne faux.

Je sors. Ils vont parler de moi, aussitôt rapprochés, par-dessus la petite table ronde. Serrés, soudés, mêlée compacte, baissant la voix à lourds chuchotis mystérieux, ils vont dire à Cécile, enfin, le pourquoi, le comment, le reste. Elle, elle va pâlir, se taire. Ou plutôt non, elle va s'exclamer :

1 **louer** mieten – 2 **je te dis pas la galère** *fam ici :* ich sag's dir, das wird schrecklich – 3 **un malaise** Unbehagen – 3 **embrayer** [ɑ̃bʀeje] einkuppeln *ici :* recommencer à parler – 4 **démarrer** anspringen – 4 **cahoter** holpern – 4 **un râté** Fehlzündung – 6 **être au courant de qc** savoir qc – 7 **nul, nulle** personne – 7 **aborder qc** commencer à parler de qc – 8 **rayer** [ʀeje] streichen – 12 **amer** [amɛʀ] bitter – 12 **dégueulasse** *fam* très mauvais – 16 **se casser** *fam* partir – 17 **frétiller** [fʀetije] *ici :* mit dem Schwanz wedeln – 17 **prudent** vorsichtig – 18 **un carré** Quadrat – 18 **brillant** → **briller** glänzen – 19 **égrener** *ici :* dire les uns après les autres – 20 **la gaieté** la joie – 20 **bruyant** [bʀyjɑ̃] qui fait du bruit – 23 **être serré** *ici :* eng beieinander sitzen – 23 **être soudé** zusammengeschweißt sein – 23 **une mêlée** Gedränge – 24 **des chuchotis** *mpl* → **un chuchotement** Geflüster – 26 **pâlir** blass werden – 26 **se taire** arrêter de parler

« Mais… je le savais pas ! Comment j'aurais pu le savoir, merde ? ! »

L'un d'eux répondra :

« T'inquiète. C'est pas grave, allez… Il a l'habitude. Tu pouvais pas deviner… »

Demain, quand je la reverrai, elle aura ce voile de gêne dans la voix. Ou pire, ce silence que je déteste. Mais elle ne me posera plus jamais ce genre de questions, c'est certain. Nous parlerons de tout, de rien. D'autre chose, surtout.

Dans le sillage de Boussole, après son inévitable jet contre un platane, je navigue à pas de fourmi, direction l'arrêt des cars. Les jours diminuent, je le sens. On va vers le retour annuel du froid.

Aux autres aussi, la lueur qui s'absente, la vie en crépuscule et le soleil éteint.

6 **un voile** *ici : fig* Schleier – 6 **une gêne** Verlegenheit – 10 **être dans le sillage de qn** suivre qn – 10 **un jet** *ici :* Urinstrahl – 11 **une fourmi** Ameise – 12 **diminuer** *ici :* devenir plus court – 12 **annuel** → une année – 14 **une lueur** une lumière – 14 **le crépuscule** [krepyskyl] le moment où le soleil disparaît

Nono

Je sais pas trop bien quelle heure il est. Je crois que Baluchon a faim. Son ventre gargouille. Bon, je vais l'emmener faire un petit tour, jusqu'à la voie ferrée, pour l'occuper un peu. Sinon, je le connais, il va devenir pénible. Il sait pas s'occuper tout seul. Quand il s'ennuie, il fait rien qu'à m'embêter.

J'ai vu un petit truc qui brille, au bout, là-bas. C'est peut-être un diamant ou quelque chose ? Avant de sortir, je regarde un coup à droite, un coup à gauche. Personne. Le soleil s'est levé bien haut. Il fait moins froid. Je prends Baluchon par la main, d'accord, on va se promener, mais après, faudra rentrer, hein, parce que j'ai du travail à faire. Je referme bien la maison. Cric, crac. Je vais pas bien loin, de toute façon. Je vais jusqu'au machin qui brille.

C'est pas un diamant. C'est un papier de chewing-gum. Trop joli quand même. Baluchon voudrait le ramasser, mais je me fâche :

« Laisse ça, c'est dégoûtant. On n'est pas des clodos, pour ramasser les poubelles par terre ! »

Baluchon baisse le nez. Il est gentil, mais faut tout lui dire. C'est comme pour les repas. Tous les matins, faut lui réexpliquer : le lundi, le mercredi et le vendredi, c'est *sûr de sûr*. Les autres jours, c'est seulement *peut-être sûr*.

« Mais avant on mangeait tous les jours…

– Ben oui, mais c'est justement pour ça, avant, c'était *avant*. Voilà.

– Moi j'aimais mieux quand on était à l'autre maison, la grande, avec maman et François, et que je dormais dans le lit.

3 **gargouiller** *ici :* knurren – 4 **une voie ferrée** Bahngleis – 6 **embêter qn** *fam* jdn nerven – 7 **au bout** *ici :* hinten – 9 **un coup** *fam* une fois – 14 **un machin** *fam* un truc – 16 **ramasser qc** *ici :* etw aufheben – 16 **se fâcher** böse werden, schimpfen – 18 **dégoûtant** ekelig

– Ben oui, mais c'est comme ça. C'est comme ça, et pis c'est tout, et si tu nous embêtes, on te jette sur la voie ferrée, et le train te crabouille !

– …

– Bon, pleure pas. Jamais je te laisserai te faire crabouiller, c'est promis. J'aurais trop de chagrin si t'étais plus là, mon Baba. Trop de chagrin.

– …

– Fais-moi un bisou. Là. Voilà. Allez, fais pas la tête. Tu veux que je t'explique encore pourquoi *tout* ? »

Baluchon et moi, on s'assied sur un bloc en ciment, en dessous de la passerelle. Là, personne nous voit, ni d'en haut, ni d'en bas.

Il y a que les cracaches à grandes dents qui viennent de dessous par terre qui pourraient nous voir. Mais aujourd'hui, ça tombe bien, des cracaches, y en a pas. Je crois que le lundi, elles sortent pas. Je crois.

Baluchon, il est tout petit, c'est pour ça qu'il comprend pas les choses. Je dois toujours lui répéter, gentiment, sans m'énerver.

Maman et François se sont disputés. À cause de moi. Peut-être aussi à cause d'eux tout seuls, j'en sais rien. C'est des histoires de grands. C'est compliqué. François, c'est pas mon papa. Maman dit que mon vrai papa à moi, il m'aurait adoré encore plus que tout au monde, s'il m'avait vu. Mais il est parti sans savoir que j'allais arriver, alors.

« Pourquoi il est parti, ton vrai papa ? Pourquoi il a laissé maman ?

– Si tu commences à poser des questions, je m'arrête. Il est parti à cause qu'il devait, et puis c'est tout.

– Il sait même pas qu'on existe, alors ?

1 **et pis** *fam* → **et puis** und – 3 **crabouille** → **écrabouiller qn** *fam* überfahren – 12 **ni… ni…** weder… noch… – 14 **un/une cracache** *enfantin ; ici : nom d'un monstre / d'une créature fantastique* – 30 **à cause que** *enfantin* parce que

– Ben non, imbécile ! Sinon, il viendrait nous chercher, on vivrait tous dans sa maison.

– Elle est comment sa maison ? Et me traite pas d'imbécile.

– Elle est grande comme ça, avec une chambre pour maman, une pour moi, une pour toi. Et puis des lits. Un grand frigo avec du Coca. Des placards pleins de poulets avec des frites. Une pièce avec rien que des consoles, des jeux, la télé, et tout ça. Et puis un vrai camion. Rouge.

– Rouge ? Je peux monter dedans, dis ?

– On verra, si t'es sage… »

François, il était gentil, quand même. Il m'emmenait au parc, il m'achetait des chichis à la barakafrite. Il m'appelait Nono l'asticot. Je l'ai connu quand j'étais si petit que, du coup, c'était comme un vrai papa.

« Pour moi aussi… », soupire Baluchon.

Pauvre Baluchon. Encore, moi, ça va, je suis grand. Mais pour lui, c'est pas trop marrant, la vie, c'est pas rigolo tous les jours. Maman dit que dans la vie, des fois, y a des problèmes. Le gros problème, pour maman, François et moi, et Baluchon, c'est quand François a perdu son boulot.

« C'est quoi, un boulot ?

– C'est comme un travail, mais en plus difficile.

– Et comment il a fait pour le perdre, François ?

– …

– Hein, Nono, comment il a fait ?

– Ben, je sais pas, moi. Un jour il s'est levé, il s'est plus rappelé où c'était son boulot, il a pas pu y aller, c'est tout. Il l'a perdu. Voilà.

– C'était pas écrit quelque part, où c'était ? Il pouvait pas demander à maman ?

– Elle savait pas non plus.

– Elle savait pas ? Elle a rien dit ?

1 **imbécile** *fam* Dummkopf – 6 **un placard** Schrank – 10 **sage** *ici :* brav – 12 **un chichi** *spécialité du Sud de la France* Krapfen – 12 **une barakafrite** *enfantin* **une baraque à frites** Imbissbude – 13 **un asticot** Made

– Si. Elle a fait sa figure embêtée. Elle a dit : “Alors, c’est vrai ? Tu as perdu ton boulot ?” François, il a dit : “Oui, c’est pas de chance…”

– Et après ?

– François est resté à la maison tout le temps. Au début, c’était bien. On se levait trop tard pour aller à l’école, quand maman était déjà partie faire le ménage chez Mme Maurin. On mangeait en pyjama, rien que des petits déjeuners sans légumes. On regardait tout le temps la télé.

– C’était super, hein ?

– Oui. Mais après, François, il est devenu un peu méchant, tu te rappelles ?

– Méchant ? Méchant comment ?

– Oh, dis, fais pas l’âne ! Tu le sais bien, méchant comment ! Tu te souviens pas la fois qu’il t’a envoyé en plein contre la porte, peut-être ?

– Non, ça, c’était pas moi, c’était toi qui…

– Bon, si tu parles sans arrêt, je dis pas la suite.

– …

– Maman, elle aimait pas beaucoup ça, que François soit tout le temps colère. En plus, il lui donnait des baffes, à elle aussi. Et après il pleurait.

– Pourquoi ?

– Pffff ! Parce qu’il était triste de devenir méchant, tiens ! Pis je crois qu’il avait peur que maman l’aime plus. Et voilà, un jour il s’est fâché très fort après moi.

– T’avais fait quoi, comme bêtise ?

– Pipi par terre dans les cabinets.

– Bêêêêê ! Aussi, t’es dégoûtant, quand même !

– Ben j’ai pas pu me retenir, c’est parti tout seul quand j’ai baissé mon pantalon. Et fais pas ton malin, parce que ça peut t’arriver aussi. Alors arrête.

– …

1 **une figure** une mine – 7 **faire le ménage** putzen – 14 **faire l’âne** sich dumm stellen (**un âne** Esel) – 28 **les cabinets** *mpl* les toilettes – 31 **faire son malin** sich aufspielen

– Il s'est fâché drôlement fort, François. Quand maman est arrivée des courses, et qu'elle m'a vu, elle a lâché son panier d'un coup, sur les carreaux de la cuisine. Elle a mis ses deux mains, comme ça, sur ses joues, elle a crié : ‹ Brunoooooo ! ›, comme si j'étais mort.

– Et t'étais mort ?

– Non. J'avais juste saigné du nez plein partout sur mon pyjama. Et puis je m'avais fait un peu mal à un bras.

– Celui-là ?

– Raté ! L'autre ! »

Baluchon rigole. Moi aussi.

« Et après, qu'est-ce qu'elle a dit, maman ?

– Elle a crié fort, je peux te dire. François, ça l'a drôlement énervé. Moi, je la tirais par sa manche, chhhttt ! Dis rien ! C'est pas grave, j'ai même pas mal !

– Et moi ? Je faisais quoi, moi ?

– Tu faisais rien, tu dormais sur mon lit…

– Ah bon ?

– Oui. Maman m'a dit d'aller dans la chambre avec toi. Elle a dit bouge pas mon amour, je reviens, bouge pas surtout.

– Et après ?

– Ils se sont disputés, mais disputés ! Maman parlait de la police. François lui disait des gros mots.

– Gros comment ?

– Comme ça : putrille ! Merduche ! Salerie de bordasse de vilaine méchante !

– Pfffiou !

– Oui. Après, quand maman a rouvert la porte de la chambre, elle avait les yeux rouges. Elle a dit qu'on partait, que si c'était comme ça, elle restait pas une minute de plus, que jamais plus il lèverait la main sur moi. Jamais plus.

1 **drôlement** *fam* vraiment, très – 2 **lâcher** *ici :* laisser tomber – 3 **les carreaux** *mpl* Fliesen – 7 **saigner du nez** aus der Nase bluten – 10 **Raté !** Falsch! – 14 **tirer par la manche** am Ärmel zupfen – 23 **un gros mot** Schimpfwort – 25 **putrille, merduche, salerie de bordasse de vilaine méchante** *von Nono erfundene Schimpfwörter*

– Et lui, il a rien dit ?

– Si. Il a crié : “C’est ça ! Prends ton gosse et son baluchon, et tire-toi !…”

– Et alors, c’est comme ça que t’as su que je m’appelais Baluchon ! Pas vrai ?

– Ouais.

– C’est un joli nom, Baluchon, hein ?

– Ouais, pour un panda, c’est un joli nom.

– Finalement, c’est bien, qu’ils se sont disputés. Parce qu’autant, sinon, tu l’aurais jamais su, comment je m’appelle.

– Ben oui. Autant. »

Baluchon, ça fait trentilliards de fois que je la lui raconte, cette histoire. Mais il l’aime toujours autant. C’est parce qu’il est petit.

Bon, ben, faudrait rentrer maintenant, parce que j’ai des choses importantes à faire. J’ai dessiné un plan, sur le mur à côté du lit. Je vais creuser une maison trop bien sous terre. Avec une chambre pour moi, une pour Baluchon et une pour maman. Et pis une cuisine, un séjour, une pièce pour quand on aura la télé, la console et les jeux. Et un tunnel pour aller jusqu’aux toilettes de la gare, qu’on soit pas obligés de faire un grand tour par dehors quand il fait froid. C’est du boulot. Faudra que je fais gaffe, quand même. Autant, c’est plein de cracaches, par ici. M’en fous, j’ai mon canif. Alors.

Sur la passerelle, y a le grand au chien de ce matin. Je surveille, des fois qu’il pleure. Ben non, son chagrin, il est fini, je crois. Il regarde encore vers la gare.

Il a mis des lunettes noires, ce coup-ci. Pourtant, c’est pas la plage, ici.

Un train passe dans mon dos, ça fait un tremblement de terre. Quand c’est des rails, on dit un tremblement de fer ?

2 **un gosse** *fam* un enfant – 3 **se tirer** *fam* partir – 10 **autant** *ici : Füllwort* – 17 **creuser** buddeln – 19 **un séjour** Wohnzimmer – 23 **faire gaffe** *fam* faire attention – 24 **un canif** Taschenmesser – 30 **un tremblement de terre** Erdbeben

Je me retourne, je fais coucou, mais c'est un train sans vitres qui peut même pas me voir. Je compte les wagons, un, deux, plein, beaucoup. Le grand est reparti.

Maman et les croissants reviennent toujours juste après ce train-là. Je crie :

« Le premier qui est à la maison ! »

Je pars en courant, à fond les manettes. Baluchon risque pas de gagner.

7 **à fond les manettes** *fpl fam* très vite – 7 **ne pas risquer de faire qc** n'avoir aucune chance de faire qc

Nel

Le car est plein comme un œuf, comme d'habitude. On me laisse monter, et ça m'énerve. Je me case à côté d'un type qui pue la transpiration de la veille. Les femmes n'ont pas ce genre d'odeurs-là. Lorsqu'elles fouettent, c'est plus aigre, avec des relents de parfum insidieux, crème pour la peau, ou produit vaisselle. C'est pénible, mais moins violent. Les hommes, quand ils se laissent aller, on se croirait en pleine fauverie. Tu te retiens de respirer, ou bien alors tu t'intoxiques. Dans les deux cas, tu étouffes, c'est réglé.

Boussole se couche à mes pieds. Je musarde, du bout des doigts, dans le poil dru et doux de ses oreilles. Elle redresse la tête, me pousse du museau, me lèche.

Je ne souris même pas.

J'ai des rêves de bombes, d'attentat, de gens pulvérisés. Parfois, ça monte en moi comme une envie de mordre, de taper sur tout ce qui bouge. Je ne supporte plus les gens, la foule, les autres. À la maison, ce n'est pas mieux. Mes parents me fatiguent. Ils ne me traitent même pas comme un gamin, c'est pire. Je suis leur bibelot. Porcelaine, cristal. Ils en font trop, et le font mal. Surtout la Grande Couveuse, ma mère. Elle s'inquiète sans arrêt pour moi. Tout prend des proportions terribles : un rhume, c'est le drame, une grippe la fin du monde. Mon père, lui, ne dit rien, plus rien. Depuis si longtemps, maintenant. Comme s'il avait peur de laisser sortir sa colère, lui aussi. Sa haine. Un boulot nul, sans surprise, sans intérêt. Une femme toujours entre deux chagrins, deux angoisses. Un fils qui. Un fils que. Bref, une vie ratée.

3 **se caser** *fam* sich stellen – 4 **la veille** le jour d'avant – 5 **fouetter** *fam* stinken – 5 **aigre** säuerlich – 6 **un relent** *ici :* un reste – 6 **insidieux** durchdringend – 6 **un produit vaisselle** Spülmittel – 8 **une fauverie** Raubtierkäfig – 9 **se retenir de respirer** Luft anhalten – 9 **s'intoxiquer** sich vergiften – 11 **musarder** *ici :* toucher en s'attardant – 12 **dru** dicht – 13 **lécher** ablecken – 16 **mordre** beißen – 20 **un bibelot** Nippfigur – 21 **une couveuse** Glucke – 28 **raté** *ici :* versäumt

Et moi, je ne sais pas d'où vient ma rage. J'ai juste l'impression de perdre sans arrêt mon temps. Même la bande me fatigue. Toujours les mêmes plaisanteries lourdes, les mêmes cafés aux mêmes heures.

« Faut bien passer le temps ! » dit Yohan en riant.

Passer le temps ? Au travers d'un tamis ? Pour en extraire les grumeaux, peut-être ? *Passer le temps*, ça ne me suffit plus. Je ne sais pas ce que j'attends, ce que j'espère. Je me sens vide, je ne crois plus en rien. Je ralebole.

Le car ralentit, premier arrêt, Les Plants.

Le voisin-qui-pue murmure :

« Heu... Je descends à la prochaine, je vous préviens avant, pour que...

– Pas de problème.

– Vous êtes bien aimable... »

Lui aussi, il l'est. Trop. Tout confit de pitié. Il ne doit pas être aussi gentil, d'habitude, avec les types comme moi, cheveux teints en bleu ciel (paraît-il), boutons de jean agrafés tout le long des oreilles. Je suis sûr que tout, en moi, le dérange. Les fringues, le look, tout. L'âge surtout. Sa méfiance me glue plus fort que son odeur infecte, soupe à l'oignon, mégodasse, vinasse.

Deuxième arrêt, la Poste. Je me plie en accordéon, me tasse sur mon air, pour le laisser passer, l'autre commiséreux. Lui, il se profile en Égyptien entre le skaï du siège avant et moi, pour ne pas me frôler, surtout pas. Un tissu rêche m'effleure malgré

6 **un tamis** Sieb – 7 **un grumeau** Klumpen – 7 **suffire** être assez – 9 **raleboler** *ici : licence poétique* **en avoir ras le bol** *fam* en avoir assez – 10 **ralentir** aller moins vite – 16 **être confit de/dans qc** *fig* in etw eingelegt sein – 18 **paraît-il** angeblich – 18 **agrafer** tackern – 20 **des fringues** *fpl fam* des vêtements – 20 **gluer** *ici : licence poétique* beschmieren – 21 **infecte** ekelhaft – 21 **mégodasse** *ici : Schimpfwort aus* **un mégot** un reste de cigarette + **une godasse** *fam* une chaussure – 22 **une vinasse** un vin de mauvaise qualité – 23 **se plier** sich falten – 23 **se tasser** *ici :* se faire mince – 24 **un commiséreux** → **la commisération** Mitleid – 25 **se profiler** *ici :* montrer son profil – 25 **le skaï** ® *nom d'une marque* Kunstleder – 26 **frôler** toucher – 26 **un tissu** Stoff – 26 **rêche** rau – 26 **effleurer** flüchtig berühren

tout le front, au passage, pan de veste ou manche graisseuse, peu importe, ça me chambarde l'estomac.

J'ai vite besoin d'air, de sol ferme et plat sous la marche. Du pas, droit tiré, de Boussole, ce petit trot ralenti qu'elle se permet parfois quand l'horizon reste à sa place, au loin, sans obstacle entre lui et nous.

Troisième arrêt, la gare. Anticipée déjà par Boussole, qui se dresse avant même que le car ne s'arrête, me pousse du museau, *E.T.*, « Maison, maison ! ».

La chienne me précède dans la travée centrale, on se pousse, on s'écarte.

Et si, de part et d'autre, on souffle et râle, avant de m'avoir vu, c'est pour mieux bredouiller de l'excuse, aussitôt réalisée la gaffe. Je les sens peser dans leurs tripes, leurs agacements ravalés trop profond pour pouvoir remonter, même pour des ruminements tardifs. Je passe tête haute (je crois). Je surfe au ralenti sur le plancher du car, tenu en laisse par ma chienne, dans l'éclaboussement humide des regards. Mais je m'en fous, ça me ricoche.

Porte vitrée du car qui halète et puis s'ouvre. Blanc aveuglant, rien que le mot me plaît. Ombres grises. Noir de noir.

Ma Boubou prévient : stop, assise, une marche, stop. Une autre. Bitume. Bord trottoir. Ma main prolonge le harnais, Boussole est moi, et je suis elle. Je vais tout entier dans ses pas. Les gens disent parfois d'une personne de confiance : « Je la suivrais les yeux fermés… »

1 **le front** Stirn – 1 **un pan de veste** un côté de veste – 1 **graisseux** fettig – 2 **peu importe** egal – 2 **chambarder l'estomac de qn** *ici :* jdm auf den Magen schlagen – 3 **un sol** Boden – 10 **une travée** *ici :* une allée – 11 **s'écarter** faire de la place – 12 **de part et d'autre** de chaque côté – 12 **souffler** *ici :* seufzen – 12 **râler** meckern – 13 **bredouiller** ne pas parler clairement – 14 **une gaffe** Schnitzer, Fehler – 14 **peser** *ici :* être lourd – 14 **les tripes** *ici :* le ventre – 15 **ravaler** wieder hinunterschlucken *ici :* unterdrücken – 16 **un ruminement** → **ruminer** penser et repenser – 17 **un plancher** Boden – 17 **tenir en laisse** *f* an der Leine halten – 18 **un éclaboussement** Bespritzen – 19 **ça me ricoche** ça ne me touche pas – 20 **haleter** keuchen – 21 **une ombre** Schatten – 22 **une marche** Stufe – 23 **le bitume** Asphalt – 23 **prolonger** verlängern – 23 **un °harnais** ['aʀnɛ] Geschirr

Ma chienne et moi, c'est ça, mais plus encore. Pas un instant je ne douterais d'elle. Boussole est la garante absolue de mon nord.

Je tourne à l'angle du boulevard des Anciens-Combattants, plus loin la rue du Mail, plus loin la passerelle. Autant de noms qui n'éveillent en moi aucune image. Je pense avec des mots qui n'ont pas de visage, ils sont sans âme, et plats, comme des silhouettes en carton détouré.

Autant de fantaisie qu'une feuille millimétrée.

La passerelle me chantonne les griffes de Boubou sur le métal strié. Je me suis accroupi, déjà, pour y lire au plus près ma route. C'est froid, on sent des lignes qui losangent en relief sous les doigts. Je connais ma géométrie.

Plus loin, après le mur de béton granuleux, je vais pouvoir cramponner la rambarde. Elle est glaciale au plein cœur de l'hiver. Que j'enlève mes gants, que je m'attarde, mes paumes s'y retrouvent soudées : froide mordure. L'été, la rampe brûle. On sent des irrégularités, petits éclaillements de peinture (quelle en est la couleur ?), hasards de vieux chewing-gums collés, bien en dessous, à l'abri des regards, mais pas de ma main qui se guide, s'assure, et qui se prend parfois à leur piège gluant.

Mon pas résonne, sourd, vibrant. Il se propage à l'autre rive, loin devant. Loin, tout au bout du noir le plus foncé. Au milieu du pont, trente-six pas, je m'arrête. J'écoute.

Hier (tiens, pourquoi j'y repense ?), le prof de philo s'est tapé un délire. D'un coup, sans prévenir, il s'est mis à nous parler de l'infini :

« L'infini ? L'infini, c'est le lieu de tous les possibles… »

4 **un angle** *ici :* Ecke – 7 **une âme** Geist – 8 **détourer** *ici :* ausschneiden – 10 **une griffe** Kralle – 11 **strié** gerillt – 11 **s'accroupir** in die Hocke gehen – 12 **losanger** → **un losange** Raute – 15 **cramponner** festhalten – 15 **une rambarde** Geländer – 16 **la paume** Handteller – 17 **souder** schweißen – 17 **une mordure** Biss – 18 **un éclaillement** → *jeu de mots* **un éclat** Splitter + **s'écailler** abschuppen – 20 **à l'abri** *m* **de qc** vor etw sicher – 21 **se prendre** gefangen werden – 22 **gluant** klebrig – 23 **résonner** erschallen – 23 **une rive** un côté, un bord – 24 **foncé** *ici :* dunkel – 26 **se taper un délire** *fam* spinnen

D'après lui, à l'infini, tout peut se faire, se défaire. Se rejoindre ou se dissocier. Puis il s'est envolé haut, très haut, le prof de philo. Il a plané avec ses grandes ailes. Il a poétisé sur la notion de parallèles. Ces droites, indifférentes entre elles, qui vont leur chemin rectiligne sans jamais pouvoir s'effleurer.

« Qui pourrait affirmer qu'à l'infini elles n'infinissent pas par se rejoindre ? Regardez ces rangées d'arbres parallèles, qui bordent les routes. Ne voyez-vous pas qu'elles tendent irrépressiblement l'une vers l'autre, pour, au loin, établir un contact, et finir pas se fondre en *un seul* point ?

– Il fume en cachette, non ? a chuchoté Alex à mon oreille.

– Mais ça, monsieur, c'est pas la réalité, c'est une illusion d'optique ! a protesté Tina, presque indignée.

– Tttt... L'illusion, n'est-ce pas de croire qu'un univers aussi vaste ne permet aucun lieu où pourrait se concrétiser cette jonction des parallèles ?... »

Alex m'a poussé du coude, en grognant :

« Qu'est-ce qu'il raconte, merde ? Tu comprends ce qu'il dit, toi ? »

Quelle importance ? J'aime la philo, pour ses mots compliqués, son absurdité sérieuse. Ses définitions presque mathématiques. Ces axiomes, ces théorèmes, cette obscurité que je sens familière, et les champs non bornés qu'elle ouvre devant moi. Faut-il absolument comprendre pour aimer ? Je ne sais pas.

Maintenant, au milieu de la passerelle, accoudé à la rambarde, je respire l'odeur parallèle des rails. Je pense à leur jonction, dans ce monde géométrique cher à mon prof de philo allumé. À l'infini, les parallèles se rejoignent, d'après lui. Mais la locomotive, que fait-elle, lorsqu'elle en est réduite à ne

2 **s'envoler** abheben – 3 **planer** schweben, gleiten – 3 **une aile** Flügel – 5 **rectiligne** geradlinig – 6 **infinir** *licence poétique* finir – 7 **se rejoindre** se rencontrer – 8 **tendre** *ici :* aller – 9 **irrépressiblement** zwangsläufig – 10 **se fondre** se retrouver – 11 **en cachette** *f* en secret – 13 **indigné** empört – 15 **vaste** grand – 17 **le coude** Ellbogen – 17 **grogner** *ici :* meckern – 23 **un champ** Feld – 23 **borner** limiter – 29 **allumé** *ici : fam* un peu fou – 30 **en être réduit à** être obligé de

rouler que sur un rail ? Est-ce qu'elle devient plus plate qu'une affiche ? Je souris.

Comme créé par mes pensées, un train de marchandises arrive, dans un grondement qui commence à l'autre bout du monde et sous mes pieds au même instant. Je ne pèse pas de mon poids sur la rampe, au contraire : je me gonfle à l'hélium, je m'ouvre à ce chahut grandissant. La passerelle ondule et se raccroche à moi, je la retiens. J'imagine le monstre, sans savoir ses contours, c'est à la fois imprécis et terrible, ça m'épouvante, ça me broie.

Ch'te tue, te tue, ch'te tue pas…

Le train passe juste en dessous de moi, en me tonitruant de rage.

3 **un train de marchandise** Güterzug – 4 **un grondement** Grollen – 6 **un poids** Gewicht – 6 **se gonfler** *ici :* sich aufblasen – 7 **onduler** wogen – 8 **se raccrocher** se tenir – 9 **épouvanter qn** faire très peur à qn – 10 **broyer** zerdrücken – 12 **tonitruer qn de rage** *f licence poétique* faire sentir sa rage à qn en faisant beaucoup de bruit

Laurence

Lucas m'a trouvé des merveilles, comme il dit. Il y a même un chausson aux pommes pour Bruno. Il l'a mis dans une poche en papier blanc, avec une petite serviette. Comme il le fait pour ses clients. Il me sert une grenadine, et demande :

« Elle va bien, la grenouille ?

– Oui, merci. Il sera content, pour le chausson aux pommes.

– Bah, c'est rien, dites ! »

Je bois lentement. Je déguste. Debout au comptoir, je regarde passer la foule, au travers des vitres salies. Les habitués des trains de banlieue. Les voyageurs d'un jour. À force d'observer les gens, j'ai l'impression de les reconnaître. Grincheux. Passifs. Frileux. Poussifs. Tous ces visages blancs, crispés. Cadenassés sur quel souci ?

Et puis les miraculeux. Les irréels. Ceux qui passent auréolés d'un rire silencieux, avec dans l'œil des lumières de fête. Amoureux ? Champions ? Heureux papas ? Ceux-là, j'aimerais pouvoir respirer dans leurs traces. M'envelopper de leur sillage. Me réchauffer à leur bonheur.

Les grands ados voyants, marrants, bruyants, qui vivent à longues enjambées, sautent à pieds joints par-dessus les valises, se bousculent en riant, font peur aux petits vieux qui vont d'un pas hésitant, ralenti.

Les mères fatiguées qui houspillent et qui claquent, pour mieux consoler aussitôt. (Oh, mon Nono, mon hérisson, tout seul, si petit et si sage, dans notre maison d'emballage !)

3 **un chausson aux pommes** Apfeltasche – 5 **servir qc à qn** *ici :* apporter qn à qn – 9 **déguster** auskosten – 10 **la foule** Menschenmenge – 11 **à force de faire qc** *ici :* plus je fais qc, plus… – 12 **grincheux** mürrisch – 13 **frileux** *ici :* qui a peur facilement – 13 **poussif** qui n'avance pas facilement – 13 **cadenasser** *ici :* enfermer – 14 **un souci** Sorge – 15 **auréolé → une auréole** Heiligenschein – 18 **s'envelopper** sich einhüllen – 18 **un sillage** *ici :* die hinterlassene Spur – 20 **voyant** ≠ discret – 21 **une enjambée** un grand pas – 21 **sauter à pieds joints** mit geschlossenen Füßen springen – 22 **une valise** un bagage – 24 **houspiller** ausschimpfen – 24 **claquer → donner une claque** eine Ohrfeige verpassen – 25 **consoler** trösten – 25 **un °hérisson** ['eʀisɔ̃] Igel – 26 **un emballage** Verpackung

Je n'ai pas compris, pour François. Bien sûr, il y avait les disputes de plus en plus fréquentes. Le souci, l'angoisse des matins à venir. Les petites annonces toutes lues et relues deux, trois fois. Barrées, rageusement, de rouge. L'ANPE. Les faux espoirs. Le courrier entassé qui ne comportait plus que des factures, ou presque. Les avis d'échéance. L'enlisement.

Mais je ne l'ai pas vue venir, la violence.

J'ai fermé les yeux sur les premières gifles, les coups soudains, qui me faisaient plus peur que vraiment mal. À chaque fois suivis de larmes et d'excuses sincères, promesses de ne *jamais plus*…

Je n'ai pas su voir la petite mine pâlotte de Bruno, les rires qui se faisaient plus rares, la peur du noir, du loup, de tout. Sa main levée très haut en barricade, devant sa figure fermée, sitôt qu'on élevait la voix.

Le retour des pipis au lit. Les caprices.

Les agacements de François. Les vacheries : tu peux pas l'élever un peu mieux, ce gamin ? Bon sang, c'est pas vrai, il a encore pissé au lit, à son âge ? Fais-le taire, je le supporte plus. Fais-le taire, *ou c'est moi qui m'en charge*…

Oh, mon Nono, ma merveille, mon âme, assis-couché sur les carreaux, contre la porte du frigo. Ton pyjama éclaboussé, ton nez enchifrené de rouge, ta main bleuie. Ton regard. Oh, mon Nono, ma trouille horrible. Ma mortelle peur, tout à coup. Dans l'escalier, en m'enfuyant vers nulle part, je serrais ta main dans la mienne. Et toi, mon bouchon, tu essayais d'excuser François :

4 **barrer** durchstreichen – 4 **l'ANPE (= l'Agence nationale pour l'Emploi)** Arbeitsagentur – 5 **le courrier** les lettres *fpl* – 5 **entasser** anhäufen – 5 **comporter** beinhalten – 6 **une facture** Rechnung – 6 **un avis d'échéance** Fälligkeitstermin – 6 **un enlisement** *ici : fig* quand une situation ne change pas – 12 **pâlot → pâle** blass – 13 **un loup** Wolf – 15 **sitôt que → aussi tôt que** sobald – 16 **un caprice** *ici :* Quengelei – 17 **une vacherie** *fam* un reproche injuste – 18 **élever** *ici :* erziehen – 18 **Bon sang !** *fam* Verdammt! – 20 **se charger de faire qc** *ici :* es übernehmen, etw zu tun – 22 **éclaboussé** *ici :* befleckt – 23 **enchifrené** *ici :* verstopft – 24 **une trouille** *fam* une peur – 25 **serrer qc** etw drücken, umklammern – 26 **mon bouchon** *Kosename* (**un bouchon** Deckel)

« J'ai fait pipi par terre, à côté des toilettes. Et un peu dans le lit, aussi, mais pas beaucoup. C'est pour ça qu'il était en colère, François. T'es fâchée après lui ? Où on va ? Tu me causes, dis ? Tu me causes ? Où on va, maman ? »

Où ? J'ai ressassé la question dans ma tête, tout au long d'une mauvaise nuit d'hôtel. Tu dormais en serrant ton panda en peluche, pelotonné tout contre moi.

J'ai fait le compte minutieux de ce que j'avais pris, au vol, au hasard, sans réfléchir : quelques fringues pour toi et moi, deux duvets, le mien et le tien. Le peu d'argent que j'avais en liquide. De quoi remplir mon vieux sac de montagne, souvenir des seules vacances heureuses que j'ai eues, dont j'étais revenue avec toi, dans mon ventre. Cadeau.

Où aller ?

Pas de famille. Mon père n'a pas jugé utile de rester pour me voir grandir. Il est reparti en Espagne quand j'avais neuf ou dix ans. Ma mère ? Rien à faire, on ne s'aime pas. Elle et mon frère, ce sont pour moi comme des étrangers. Qui me font mal au cœur, quand j'y pense. Je suis partie pour ne plus revenir quand j'avais dix-huit ans. Avec mon bac, mes illusions, mon ventre qui commençait tout juste à s'arrondir de mon *accident*…

Cette façon qu'avait ma mère de parler de Nono, mon bébé de hasard… Un enfant de l'amour, comme disait plus joliment ma grand-mère Alice, la douce.

Impossible de revenir maintenant. Surtout pas pour me plaindre. Pour demander.

Où aller ?

Aucun ami qui puisse me loger. Mme Maurin m'employait au noir quatre heures par semaine, de huit à neuf, lundi, mardi, jeudi et vendredi.

Pas de quoi vivre de mes rentes. Avec mon heure de plonge au restaurant du coin, tous les midis, ça payait un peu moins

3 **causer** *fam* parler – 5 **ressasser une question** se poser une question très souvent – 7 **se pelotonner contre qn** sich an jdn kuscheln – 8 **au vol** en allant vite – 10 **en liquide** *m* in bar – 11 **remplir** (be)füllen – 25 **se plaindre** klagen – 28 **loger qn** jdn unterbringen – 31 **faire la plonge** *fam* als Tellerwäscher arbeiten

que le strict nécessaire. François s'était toujours occupé de tout, papiers, sécu, impôts. Tout était à son nom, l'appartement, la voiture. Tout lui appartenait, à part Nono et moi.

Dans cette nuit de centre-ville qui faisait clignoter la chambre au rythme des néons, à travers les persiennes, j'ai cherché toutes les solutions. J'ai même pensé, un instant, revenir chez François. Et puis non.

Je t'ai regardé, mon poussin. L'ombre douce des cils, la petite moue boudeuse de tes lèvres, qui suçotent le vide par instants, ton pouce, enfin retrouvé, tiap, tiap, le sourire furtif, le soupir apaisé. On s'en ira où on pourra, mon Nono. Mais plus jamais je ne verrai ce regard éteint, soumis, qui semblait me croire complice.

Ce soir-là, je me suis dit : plutôt dormir dans la rue que rentrer.

Qui, là-haut, a cru bon de me prendre au mot ? Qui ?

Lucas toussote :

« Hmmm… Vous pensez avoir besoin des lavabos à quelle heure ? »

Je le regarde sans comprendre. J'étais loin.

« Pour les lavabos ?… Vous voudriez les avoir à quel moment ?

– En début d'après-midi, c'est possible, vous croyez ?

– Pas de problème. Je suis là jusqu'à seize heures, aujourd'hui.

– À tout à l'heure, alors…

– À tout à l'heure, Laurence. »

Lucas ne me demande jamais à quel moment je veux me *laver*. Il veut savoir *à quel moment je pense avoir besoin des lavabos…* Comme si j'avais des tas d'autres occupations.

2 **la sécu** *fam* la sécurité sociale – 3 **appartenir à qn** jdm gehören – 4 **clignoter** blinken – 5 **une persienne** Fensterladen – 8 **un poussin** *Kosewort* Küken – 8 **un cil** [sil] Wimper – 9 **une moue** une expression – 9 **boudeur** → **bouder** schmollen – 9 **suçoter** lutschen – 10 **un pouce** Daumen – 10 **furtif** rapide – 11 **apaisé** calmé – 12 **soumis** ergeben – 14 **plutôt… que** lieber … als – 16 **croire bon de faire** penser qu'il est bon de faire qc – 17 **toussoter** hüsteln – 30 **des tas** *fam* beaucoup

Rendez-vous d'affaires, peut-être ?… Comme s'il ne s'agissait pas seulement, pour Nono et moi, de nous décrasser en vitesse dans les toilettes femmes du buffet de la gare. En contrebande.

Lucas n'a pas inventé l'eau tiède, juste la façon de l'offrir…

C'est encore presque un gamin, trois poils de duvet fin sur le menton, une ombre de moustache. Un corps d'adolescent pas fini, tout en longueur, tout en maigreur. De beaux yeux verts entre des cils très noirs. Un sourire ébréché sur les deux grosses dents du haut. Avec ça, toute la gentillesse du monde. Des gens comme lui, ça redonne envie d'espérer. Certains jours, pourtant, je me dis que l'espoir ne me fait pas vivre, au contraire. Il me tient seulement la tête au ras de l'eau, pour que je boive bien la tasse, dix fois par jour, sans jamais me noyer tout à fait. L'espoir, c'est rien qu'une façon de prolonger les peines.

Mais je n'ai pas les moyens de faire une déprime. Je n'en ai pas le droit non plus. Ma vie, elle est *à prendre*, elle n'est pas *à laisser*.

Quelque part, bien planqué sous l'abri d'une arcade, m'attend un palais magnifique, murs de carton, bâche en plastique, où mon tout petit prince dort.

Je souris encore à Lucas, en poussant la porte de verre. Dernière bouffée de douceur, avant la traversée du hall en solitaire. Je serre contre moi la précieuse poche en papier blanc, qui contient le chausson aux pommes. Mon sac à dos est garni de sandwiches. On tiendra facilement deux jours. Si ça se trouve, on aura des restes… L'idée me fait marrer. D'ici à ce qu'on se mette à gaspiller !…

1 **un rendez-vous d'affaires** Geschäftstermin – 2 **se décrasser** *fam* se laver – 3 **en contrebande** *f* de façon secrète, illégale – 4 **tiède** lauwarm – 5 **un poil** Haar – 5 **un duvet** *ici :* Flaum – 6 **le menton** Kinn – 8 **ébréché** *ici :* leicht angebrochen – 12 **au ras de l'eau** *ici :* knapp über die Wasseroberfläche – 13 **boire la tasse** boire de l'eau sans le vouloir – 14 **tout à fait** ganz – 16 **avoir les moyens** *mpl* **de faire qc** sich leisten, etw zu tun – 19 **planqué** *fam* caché – 23 **une bouffée de douceur** *ici :* Hauch Freundlichkeit – 23 **en solitaire** seul(e) – 25 **garni** *ici :* plein – 26 **si ça se trouve** *fam* peut-être que – 27 **marrer** *fam* rire – 27 **se mettre à faire qc** commencer à faire qc – 28 **gaspiller** [gaspije] verschwenden

Je longe le quai H, le regard baissé. Qu'on ne me remarque pas. Je ne veux exister pour personne. J'ai peur des gens de bonne volonté. J'ai peur que, *pour son bien*, pour le mien, pour le nôtre, on me prenne Bruno, un beau, non, un affreux matin. Je ne peux pas m'empêcher d'imaginer le pire, je crois voir son regard, si des bras étrangers le retenaient, me le volaient. Je l'entends m'appeler sans cri, de sa petite voix enrouée de sommeil : maman ?

J'ai le cœur qui se serre. Mon Bruno fait partie de moi. Ce qui le déchire me blesse, ce qui le blesse me détruit. Il n'a que moi. Je n'ai que lui.

Passage souterrain. Corridors. Escaliers qui remontent à la lumière.

Je presse le pas. Je déteste laisser Bruno. Je déteste ça. Mais je ne peux pas supporter l'idée de le prendre avec moi, dans la journée, pour mes galères, main tendue aux feux rouges, fatigue, humiliation. Je veux le protéger au moins de cette honte : me voir, moi, sa mère, mendier, aux carrefours des gens pressés.

Pourtant, le quitter au matin, poussin tiède au milieu des plumes, le laisser seul, une heure ou deux, c'est difficile. Même si je me raconte qu'il est en sécurité, que personne, jamais, ne traverse ce no man's land ferré, à part les trains de marchandises qui font trembler, au passage, notre minable palais.

Je me rassure. Pour lui, c'est mieux. Entre deux maux, choisir le moindre. Il dort, il est tranquille, j'ai raison de le laisser là. Pourtant, si… ? S'il se blessait, s'il avait peur, ou bien… je ne sais pas. S'il partait ? Si un fou venait à rôder ? La trouille me pose ses mains froides aux épaules, toujours quand je m'y

3 **la bonne volonté** guter Wille – 4 **un beau matin** *expression* eines Morgens – 4 **affreux** horrible – 7 **enroué** heiser – 9 **avoir le cœur qui se serre** *fig* devenir triste – 10 **déchirer** *ici : fig* zerreißen – 14 **presser le pas** marcher plus vite – 18 **la °honte** ['ɔ̃t] Scham – 18 **un carrefour** *ici : fig* Kreuzung – 21 **une plume** Feder – 26 **un mal, des maux** Schmerz – 29 **rôder** umherstreifen

attends le moins. Ça me prend d'un coup, ça me cloue au mur. Images horribles, déchirantes.

Dans ces cas-là, où que je sois, je rentre.

Je rentre avec le cœur qui tape à grands coups de panique. J'ai beau vouloir me raisonner, rien n'est plus raisonnable dans ma vie, ô mon amour, et s'il t'arrivait quelque chose. Ô mon amour.

Je presse le pas, encore, davantage. J'ai toujours froid. De plus en plus.

Pas moyen de me réchauffer.

1 **clouer au mur** *ici : fig* lähmen, erstarren lassen – 5 **avoir beau faire qc** vergeblich etw tun – 8 **davantage** mehr – 10 **pas moyen de faire qc** *fam* impossible de faire qc

Nono (et Baluchon)

« Prem'! » crie Baluchon en arrivant à la maison. Ben, quel culot ! J'en reviens pas !

« Quoi, prem'? C'est de la triche ! Tu t'es accroché à mon pantalon ! C'est fastoche, d'arriver premier, comme ça !

– T'avais pas dit qu'on avait pas le droit de se tenir. Et pis t'auras qu'à t'accrocher à moi, toi aussi, au prochain coup ! »

Ce Baluchon, c'est rien qu'un tricheur. On fait la course, et il se tient à ma poche de devant de mon jean !

Du coup, je le mets au lit, et tant pis si il gueule. Il a qu'à faire la sieste, ça lui apprendra. Je récupère mon canif, je dois chercher le bon endroit pour creuser le trou pour ma maison. C'est pas facile, vu que c'est du béton presque partout. Ben oui, je sais ! Je vais monter sur la passerelle, comme ça, je pourrai voir d'en haut où il est, le meilleur coin du monde pour creuser ma maison.

Je ferai ça plus tard, voilà maman.

Elle me donne une poche en papier et devinez c'est quoi ? Super ! C'est un chausson aux pommes ! Je vais le manger tout de suite, pendant que Baluchon dort, pour pas qu'il soit jaloux.

Maman sort nos duvets de la maison, elle les met au soleil, bien étalés par terre sur la bâche. Elle regarde le mien. Elle me regarde, moi.

Je souris. Elle aussi. Elle dit, comme ça :

« Oh ! Je vois que Baluchon s'est retenu, cette nuit ! C'est bien !

– Oui. Mais, pffiou, il avait drôlement envie en se levant ! Il a fallu sortir vite. Il a fait pipi juste là, regarde ! »

2 **prem'** *fam* premier – 2 **ben** [bɛ̃] *fam* **eh bien** na – 3 **le culot** *fam* Frechheit – 4 **la triche** *fam* Betrug, Schummelei – 4 **s'accrocher** sich klammern – 5 **fastoche** *fam* facile – 7 **au prochain coup** la prochaine fois – 8 **faire la course avec qn** mit jdm um die Wette laufen – 10 **gueuler** *fam* crier – 10 **il a qu'à faire qc** *fam* il devrait faire qc – 11 **récupérer** reprendre – 23 **étaler qc** etw ausbreiten

Maman hoche la tête.

« Mmmhh ! Tu as raison, il devait avoir sacrément besoin ! Il nous a presque inondé le paillasson ! »

Elle rigole. Moi aussi.

Je suis très fier de Baluchon, quand même. Il devient grand, s'il ne fait plus pipi au lit. Je vais lui garder un petit bout de chausson aux pommes, pour la peine.

Ce morceau, là. Non, celui-là, plutôt.

On ira se laver tout à l'heure. J'aime pas trop ça, il fait froid dans les toilettes de la gare. Et des fois ça sent pas très bon. Mais après, Lucas me donne une grenadine, et un jeton pour la console. Lucas, il est gentil et sa console, elle est trop bien. C'est un super jeu de course où je suis champion du monde à presque tous les coups. Sauf les fois que je perds.

C'est quand même embêtant d'aller à la gare. Si je perds toujours mon temps à partir faire ma toilette, ça fera pas avancer mon creusage de maison sous la terre.

Maman fait le ménage dans le carton-maison. Baluchon vient de se réveiller.

Je passe la tête par la porte.

« Tiens, je t'ai gardé un bout de chausson, fais pas des miettes !

– Oh, je sais manger proprement, quand même !

– Qu'est-ce que tu dis, minou ? demande maman.

– Moi, je dis rien. C'est Baluchon.

– Qu'est-ce qui lui arrive, à Baluchon ?

– Il fait des miettes en mangeant. C'est un cochon.

– Ah non, file ! Filez *tous les deux* ! Allez, hop ! »

Je prends Baluchon-le-cochon par la main, et on sort. « Maman ?

– Mmmhhh ?

1 **hocher la tête** bouger la tête – 2 **sacrément** *fam* verdammt – 3 **inonder qc** etw überschwemmen – 3 **un paillasson** [pajasɔ̃] Fußmatte – 5 **fier** [fjɛr] stolz – 6 **un bout** *ici :* Stück – 7 **pour la peine** als Belohnung – 8 **un morceau** Stück – 27 **un cochon** Schwein – 28 **filer** *fam* partir vite

– C’est quand qu’on y va, au jardin ?

– *Sékankon ?*

– Quand c’est qu’on y va ?

– Mmmhh… Je rentre les duvets, j’arrange un peu les affaires, et puis on ira. »

La sirène des pompiers se met à sonner, whouaaaou, whouaaaou. Hop, je mets ma tenue, mon casque, je crie à mes hommes :

« Allez, les gars, sortez le camion, vite !

– …

– Vite ! Ça brûle ! Y faut y aller !

– Ouais, c’est bon, y a pas le feu…, grogne Baluchon.

– …?

– Ben quoi ? Qu’est-ce que j’ai dit ?

– Toi… Toi, t’es vraiment un imbécile ! » je réponds. À cause de lui, la ville entière brûle de partout.

C’est un imbécile, et c’est tout.

7 **une tenue** *ici :* un uniforme – 7 **un casque** Helm

Monsieur Barnouin

J'ai ma sciatique, ça fait un mal de chien. C'est une douleur comme un fer rouge, qui me prend dans la fesse et qui me descend tout le long de la jambe, j'ai plus qu'une envie : me coucher, plus bouger. Je crois que c'est le temps qui me fait ça. Depuis quelques jours, il fait froid, avec une saloperie de brouillard le matin, et de l'humidité dans l'air. Et c'est parti pour pas s'arranger, je le sens.

Je vais échanger mon poste avec Lambert, il est brave.

Avant, j'étais tout seul, mais le parc ouvrait moins longtemps, de dix heures à dix-sept heures. Et fermé le week-end. Maintenant, avec le nouveau maire, il faut *ouvrir les espaces verts* à la population… Du coup, on fait dix heures-dix-huit heures en semaine, et dix heures-dix-neuf heures le samedi et le dimanche. C'est pour ça qu'on a embauché Lambert.

Depuis que j'ai mes soucis de santé, je fais le poste du lundi au jeudi. Lui, il fait le reste. Avant, le parc était toujours tranquille. Des mamans avec leurs bébés, des amoureux. Maintenant, c'est plein de jeunes qui mettent le bazar. Ils viennent même la nuit, j'en suis sûr. Ils doivent escalader les grilles. Et en plus, ils ont des drogués dans leurs bandes ! Je le sais, j'ai trouvé des seringues. Je les ai montrées à monsieur le maire. Je suis allé le voir, l'autre semaine, et je lui ai dit, comme ça, tout gardien que je suis, et tout maire qu'il est :

« Et si un gosse se pique avec ça, hein ? Si un gosse vient au parc pour s'attraper le sida, l'hépatite et le reste ? Et sans parler des accidents ! Si un jeune reste planté en haut des grilles, en

2 **avoir une sciatique** Ischias haben – 2 **faire un mal de chien** *fam* faire très mal – 3 **un fer rouge** *ici :* glühende Eisenspitze – 3 **une fesse** Po – 4 **(ne) plus avoir qu'une envie** ne vouloir qu'une seule chose – 6 **une saloperie de qc** *fam* verdammtes etw – 7 **c'est parti pour** *fam* ça a l'air de – 8 **s'arranger** *fam* sich bessern – 15 **embaucher qn** jdn einstellen – 19 **mettre le bazar** *fam* Unordnung bringen – 22 **une seringue** Spritze – 24 **tout(e) … que je suis** ich als … – 24 **un gardien** (Park-)Wächter – 26 **s'attraper une maladie** *fam* devenir malade de qc – 26 **le sida** Aids – 27 **rester planté** *ici :* hängen bleiben

escaladant, la nuit ? Vous avez vu comme elles sont pointues, ces ferrailles ? »

Le maire a dit qu'ils allaient mettre l'accent sur la prévention. Tu parles ! On a beau le leur dire et le leur répéter, aux jeunes, avec des affiches de pub, des émissions, tout ça, leur prévention, je t'en fiche, elle sert à tout sauf à rien ! Tout le monde s'en fout. Dans quel monde on est, franchement ! Sans parler de toute cette misère, qu'on voit partout ! Tiens, cette fille, là, qui vient presque tous les jours, avec son gosse. Cinq ans, six ans, je sais pas trop. Moi, les enfants... Mais bon, tout ça pour dire qu'il est petit. Il se trimbale tout le temps avec une peluche. Une de ces bestioles qui ont le tour des yeux tout noir, comme s'ils avaient reçu des coquards. Ça ressemble à un ours, mais noir et blanc. On en voit des fois à la télé... C'est en voie de disparition. Comment ça s'appelle, déjà ? Oh, bon sang, c'est pas possible, d'avoir des trous de gruyère à la place du cerveau ! Un koala ? Non, c'est pas ça... Ah, ça y est : un panda ! C'est ça, un panda ! Il est mignon, ce gosse. Il a l'air malin comme un singe, avec ses grands yeux. Mais cette pauvre gamine, enfin, sa mère, elle me fait peine. On dirait un moineau. Toute menue, maigrichonne. Elle ne doit pas rouler sur l'or. Ils arrivent toujours en fin de matinée. Ils vont s'asseoir sur un banc, devant le bassin aux canards. Vers midi, elle sort des sandwiches de son sac à dos. Certains jours, elle sort rien du tout. Ils restent là, à regarder nager les colverts... Enfin, qu'est-ce qu'on peut y faire ? Comme si on avait pas assez de soucis. Déjà, moi, rien qu'avec ma sciatique, et la météo qui

1 **pointu** spitz – 2 **une ferraille** *ici :* Eisenstange – 6 **je t'en fiche !** *fam* von wegen! – 6 **servir à tout sauf à rien** être totalement inutile – 7 **franchement !** *fam* mal ehrlich! – 11 **se trimbaler avec qc** *fam* mit etw herumstreunen – 12 **une bestiole** *fam* un animal – 12 **le tour** *ici :* le contour – 13 **recevoir un coquard** *fam* Veilchen haben – 14 **un ours** [URS] Bär – 15 **être en voie de disparition** vom Aussterben bedroht sein – 16 **avoir des trous de gruyère à la place du cerveau** *ici :* so viele Gedächtnislücken im Kopf haben wie es Löcher in einem Stück Schweizer Käse gibt – 19 **malin comme un singe** schlau wie ein Fuchs – 20 **faire (de la) peine à qn** *ici :* Mitleid erwecken – 21 **un moineau** Spatz – 21 **menu** zierlich – 21 **maigrichon** maigre – 25 **un colvert** Stockente

promet rien de bon… Tiens, quand on parle du loup, les voilà qui arrivent, dans la grande allée. Ça va bientôt être midi. Je vais aller me faire réchauffer mon gratin, à la guérite. Et je mettrai le poste, pour avoir un peu des nouvelles de la guerre, chez les autres, là.

Des fois qu'elle soit pas vraiment finie, et que ça nous pète à la gueule, à nous aussi, autant être le premier prévenu.

1 **quand on parle du loup** wenn man vom Teufel spricht – 3 **une guérite** un poste de contrôle – 4 **mettre le poste** faire fonctionner la radio/la télé – 6 **péter à la gueule de/à qn** *fam* exploser à la tête de qn – 7 **autant** *ici :* au moins – 7 **être le premier prévenu** als erster Bescheid wissen

Nono (et Baluchon)

J'aime bien le jardin. C'est plein de bancs partout, et d'arbres. On vient souvent, maman et moi. Et Baluchon. On donne du pain aux canards. Y en a des drôlement jolis, avec des plumes toutes vertes autour du cou et sur la tête. Et puis aussi des tout marron. Ils sont moins jolis. C'est parce que c'est des filles.

Quand je serai grand, j'aurai des canards, moi aussi. Et puis des lapins, des chats, des chiens, un poney, une biquette, voilà.

« Et moi aussi, j'en aurai, des canards et des poneys ?

– Ben oui.

– Tu crois qu'elle voudra, maman ?

– Oui, elle voudra. Si on est sages.

– Moi, je suis sage.

– Moi aussi.

– Oui, mais moi, plus. »

Baluchon, faut toujours que c'est lui, *le plus*, et ça m'énerve. D'abord, c'est pas lui qui a eu l'idée des canards et du reste. Puisque c'est ça, je le laisse sur le banc, avec maman. Les canards, j'y vais sans lui. M'en fous.

Je m'assieds sur le bord du bassin, et j'appelle, bien fort :

« Ca-nards ! Ca-nards ! Ca-nards ! »

Une grosse voix me rigole dans le dos :

« Si tu cries comme ça, ils ne risquent pas de venir, tu sais ! »

Si c'est un ennemi, je le tue avec mon laser vert, fschhhh. Je me retourne à mille à l'heure. C'est le vieux type avec une grosse moustache blanche et des sourcils tout noirs, habillé en police. Houlà. Je dis :

« T'es la police ?

– Non, je suis le gardien. Comment tu t'appelles ?

– Bruno. Et toi ?

– M. Barnouin.

5 **le cou** Hals – 8 **une biquette** *fam* Ziege – 25 **à mille à l'heure** *ici :* très vite – 26 **un sourcil** Augenbraue

– T'es gardien de quoi ?

– Heu… Je garde les canards.

– Ils sont à toi, les canards ?

– Non, ils sont à la municipalité.

– Où elle est ?

– Qui ?

– La mulini, la mucili… napité.

– La mu-ni-ci-pa-li-té ? Ce n'est pas quelqu'un ! C'est la Ville…

– … ?

– Si tu préfères, ça veut dire que les canards sont un peu à tout le monde.

– À moi aussi ?

– À toi aussi.

– Alors je préfère.

– Hein ?

– Tu me dis : si je préfère, les canards, ils sont à tout le monde et à moi aussi. Je te dis : oui, je préfère qu'ils sont à tout le monde, et à *moi* aussi.

– Je ne suis pas sûr de comprendre tout ce que tu racontes, mon bonhomme ! Enfin, en tout cas, voilà ce que je voulais te dire, moi : si, un jour, tu trouves une seringue dans les allées, ou par terre dans les buissons, surtout, tu n'y touches pas, hein ?

– C'est quoi, une seringue ?

– C'est… Pfff ! Tu sais bien, quoi, pour faire les piqûres !

– Ah oui. On dit une piqûre !

– Si tu veux. Alors, si tu trouves une "piqûre", ne la touche pas, viens me le dire !

– Pourquoi ?

– Parce que si tu te piques avec, tu peux t'attraper l'hépatite virale ou le sida !

21 **mon bonhomme** *ici :* kleiner Mann – 23 **les buissons** *mpl* Gebüsch

– C’est quoi ?

– Des maladies très dangereuses.

– Dangereuses ?

– Très. On peut en mourir.

– En *mourir* ? Comme quand on est mort ?

– Heu, oui.

– Et ça fait vomir ?

– … Je ne sais pas. Sûrement. Pourquoi ?

– Parce que j’aime pas ça, vomir.

– Bon, alors tu n’y touches pas. Sinon tu vas vomir. Voilà. D’accord ?

– D’accord. Comment ils s’appellent ?

– Qui ?

– Les canards.

– Ce sont des colverts.

– Ceux qui sont verts dessus la tête, là ?

– Oui, tu vois comme ils sont jolis ?

– Et les marron, c’est des colmarrons ?

– Non, des colverts aussi. Mais ce ne sont pas des canards, ce sont des canes. C’est comme s’il y avait des papas et des…

– Je le sais, ça. Maman me l’a dit, les marron, c’est des filles.

– Ta maman, c’est la dame qui est assise sur le banc ?

– Oui.

– Tu n’es pas à l’école, aujourd’hui ?

– Non.

– Pourquoi, ta maîtresse est malade ?

– Bruno ? Viens voir là, mon poulet…

– Ah, je crois que ta maman t’appelle !

– Ben oui. Faut que j’y vais…

– Bien sûr ! Au revoir, Bruno. »

Sur le banc, maman me fait *viens* avec la main. J’appuie sur le bouton de ma rétrofusée.

« Qu’est-ce qu’il te racontait, ce monsieur, mon poussin ?

7 **vomir** erbrechen – 18 **un col** Kragen – 20 **une cane** Entenweibchen – 26 **une maîtresse** Grundschullehrerin – 31 **appuyer** drücken – 32 **une rétrofusée** Bremsrakete

– C’est M. Barnouin, il fait gardien de police pour les canards.

– Ah oui ?

– Oui. Les canards, c’est tous des cols verts, même les marron. Tu le savais, ça ?

– Dis donc, tu en as appris, des choses ! Et c’est tout ce qu’il t’a dit, le gardien des canards ?

– Non, il m’a demandé pourquoi je suis pas à l’école… »

Maman dit plus rien. Elle sort nos sandwiches, la bouteille d’eau. Elle regarde M. Barnouin. Il s’en va, dans la grande allée.

« M’man ?

– Mmhhh ?

– Pourquoi j’y vais pas, à l’école ?

– …

– Quand on était à l’autre maison, avec François, j’y allais. Des fois.

– …

– C’est parce qu’elle est trop loin, mon école d’avant ?

– …

– Dis, m’man ? C’est parce qu’elle est trop loin ?

– Oui, mon poulet.

– Et l’autre où on était allés, un jour, elle en avait trop, des enfants ?

– Oui, mon chéri. Allez, mange, et après on ira faire la toilette.

– Oh nooooon ! Pas la toilette ! »

C’est un sandwich au thon et à la tomate. C’est mes préférés, sauf la tomate.

Les canards coincouinent, là-bas. Tant pis pour eux, fallait venir avant !

24 **faire la/sa toilette** se laver

Laurence

Bruno m'a demandé pourquoi il n'allait plus à l'école, tout à l'heure. J'ai peur de ses questions. Qu'est-ce que je peux lui dire ? Jusqu'où lui mentir ? Plus les jours passent, moins je supporte. Le froid, l'humidité, les mensonges, la solitude, le regard des passants. Et l'absence d'espoir.

En descendant du train, avec Bruno, je me suis dit : c'est une grande ville, alors, *forcément*, je vais y trouver du travail.

Comme tout le monde, je croyais connaître tout ce qu'on peut savoir sur la crise, le chômage, les SDF, le quart-monde et les milliards de raisons qu'on pourrait avoir de pleurer, si on cherchait un peu. Mais tout ça, c'était pour les autres. Pas pour *moi*, avec cette envie que j'avais de me battre, bosser, trouver un (tout petit) appart, envoyer mon minou à la plus belle école maternelle du monde entier, et d'ailleurs tiens, j'allais l'inscrire tout de suite dans cette école, là. Comme ça, j'aurais plus de temps à moi, pour chercher du travail.

« Bien sûr, aucun problème, m'a dit la directrice de la petite école maternelle, une charmante blondinette, qui avait une jolie classe peinte en jaune et orange. Il me faudra simplement quelques papiers, dont voici la liste… »

Première dégringolade. Pour inscrire Bruno, il me fallait un justificatif de domicile. Autrement dit, il fallait habiter quelque part, et pouvoir le prouver.

« Vous n'avez pas encore trouvé de quoi vous loger, ici ? »

Nono me tirait la main pour aller jouer dans la cour avec les autres…

5 **un mensonge** ≠ la vérité – 5 **la solitude** situation d'une personne qui vit seule – 8 **forcément** sûrement – 10 **le chômage** ne pas avoir de travail – 10 **un(e) SDF** (Sans Domicile Fixe) une personne qui n'a pas de logement fixe – 10 **le quart-monde** les personnes pauvres dans les pays industriels – 13 **se battre** *ici :* kämpfen – 13 **bosser** *fam* travailler – 14 **mon minou** *Kosewort* mein Schatz (**un minou** *fam* un chat) – 14 **une école maternelle** ~ Kindergarten – 22 **une dégringolade** *fam* Absturz – 23 **un justificatif de domicile** *m* un papier officiel qui montre son adresse

« Eh bien, lui, au moins, il n'est pas timide ! Laissez-le donc aller, s'il en a envie. Nous serons plus tranquilles pour discuter… »

Les mots qui font mal, pour expliquer que Bruno, moi, François. La honte. Elle avait dû en voir passer, des Laurence en pleine errance. Elle n'a pas sourcillé une seule fois, on aurait dit que tout était normal. Pire : banal.

Un instant, j'ai eu envie d'en rajouter un peu, drogue, meurtre, prostitution… Pour rien. Par provocation. Pour enlever un peu de rose à ses joues lisses. Pour voir si elle était vivante pour de vrai, ou si ce n'était qu'une potiche. Et puis je me suis dit que c'était sa façon à elle de ne pas m'enfoncer un peu plus. Banaliser, un moyen comme un autre de me sortir du drame.

Je suis repartie de l'école le poing serré sur une liste de documents impossibles à fournir. Le carnet de santé de Bruno ? Oublié dans le second tiroir de la commode, à trois cent cinquante kilomètres, chez François. Pas facile d'y retourner, en stop. Pas facile d'arriver, la mine enfarinée, coucou-bonjour, on ne fait que passer, on vient chercher deux-trois bricoles…

La fiche d'état civil ? Il faudrait écrire. Attendre la réponse. Et ça prendrait du temps. J'avais, dans la poche de mon blouson, le nom de l'assistante sociale du quartier, ses jours et horaires de consultation, l'adresse de son bureau, le plan. Tout bien noté d'une jolie écriture appliquée. Elle m'avait tout donné, la directrice. Il ne me manquait rien. Sauf le courage.

Ce jour-là, Nono et moi, on a fini sur un banc, dans un petit square tranquille. Il faisait doux, on était au début septembre. On aurait pu se croire en vacances. Je n'ai pas eu le courage de partir à la recherche d'un lit, dans un hôtel bruyant,

6 **une errance** Umherirren – 6 **ne pas sourciller** ne montrer aucune émotion – 10 **lisse** glatt – 11 **une potiche** *ici :* personne belle qui n'a aucun rôle actif – 12 **enfoncer qn** jdn niedermachen – 16 **fournir** *ici :* apporter – 16 **un carnet de santé** Gesundheitspass – 19 **en stop** *m* per Anhalter – 19 **la mine enfariné** *ici :* blass (→ la farine) – 20 **ne faire que passer** nur kurz vorbei kommen – 20 **une bricole** *fam* une chose – 21 **une fiche d'état civil** Auszug aus dem Familienstammbuch – 25 **appliqué** sorgfältig – 28 **un square** [skwaR] un petit parc

× 1. Porzellanvase

inconfortable, cher. Je me suis bricolé un sourire de fête, pour dire :

« Ce soir, mon minou, j'ai une surprise pour toi !

– C'est quoi, c'est quoi ?

– On va s'acheter un *gros* hamburger avec des *grosses* frites, on revient, et on reste là toute la nuit, pour compter les étoiles filantes ! »

Nono était ravi.

« C'est vrai, on va rester *dehors* ?

– Oui, mon poulet !

– On va pas se coucher ?

– On se mettra dans nos duvets.

– On a le droit ?

– Si on n'a pas le droit, on prend le gauche ! »

Il riait en cascade, et, du coup, je riais aussi. Il rend tout si joli, mon Nono, avec son sourire à courants d'air, où la souris des dents s'est servie dans la pioche. « Y en aura beaucoup, des étoiles filantes ?

– Je ne sais pas. On verra bien. Si tu veux, on fait un concours, à celui qui en voit le plus !

– Baluchon aussi, il peut jouer ?

– C'est de la triche, si vous êtes deux contre moi, non ?

– Non, parce qu'on est petits. Sauf moi qu'est grand.

– Bon, d'accord.

– Maman ?

– Mmmhhh ?

– C'est comment, une étoile filante ?

– C'est comme un tout petit soleil qui passerait dans le ciel en courant.

– Maman ?

– Mmmhhh ?

– Elle est bien, ta surprise ! »

1 **se bricoler qc** *ici :* improviser qc – 6 **une étoile filante** Sternschnuppe – 15 **rire en cascade** *f ici :* einen Lachanfall bekommen – 15 **rendre qc joli** etw veschönern – 16 **la souris des dents** Zahnfee – 17 **se servir** sich bedienen – 17 **une pioche** *ici :* Stock, Stoß

Dans le petit square, sous le ciel pointillé, on les a comptées, les étoiles. Celles qui filaient doux, celles qui filaient droit, celles qui restaient là. Nono, la voix ensommeillée, roulé en boule contre moi, s'exclamait de plus en plus bas :

« Oooh, maman, et celle-là ! Tu l'as vue, celle-là ? » Il s'est endormi, doucement, en sourdine, sans même s'en apercevoir.

Elle scintillait si fort de bonheur dans le noir, ma luciole…

1 **pointillé** *ici :* gepunktet – 6 **en sourdine** *f* sans bruit – 6 **s'apercevoir de qc** etw bemerken – 7 **scintiller** [sɛ̃tije] funkeln – 7 **une luciole** Glühwürmchen

Nel

J'attends les autres, au café. C'est presque deux heures. Arrivé en avance. Le parfum de fruit et de santal me caresse au passage, courant d'air dans la tabagie.

« Salut. T'es seul ?

– Oui. »

C'est bien la même voix grave. Je ne pensais pas la retrouver si tôt.

« Je peux m'asseoir ?

– Oui.

– Un thé citron, s'il vous plaît. Tu veux quelque chose ?

– Non merci, c'est bon.

– Un thé citron et un café.

– C'est bon, je te dis.

– C'est pour moi, le café. J'adore les mélanges ! »

Elle rit. Maintenant, je suis sûr qu'elle sait. Je l'attends au tournant des pourquoi bâillonnés. Elle va éviter les faux pas, me tenir des discours d'équilibriste, aérienne et tendue. Elle me dévisage. Je le sens, ce regard qui me survole, se pose sur mes lèvres, se reflète à mes verres noirs, se perd dans la quincaillerie qui cloute mes oreilles, dans l'embroussaillement de ma touffure bleue. Pas besoin de relever la tête. Elle demande, un peu brusque :

« Ça fait longtemps que t'y vois plus ? »

Je me redresse. J'essaie de faire face. Je voudrais répondre, je n'y arrive pas.

La question me saisit.

« Le thé, c'est pour qui ?

4 **la tabagie** Raucherraum – 15 **un mélange** Mischung – 16 **attendre qn au tournant** *fig* attendre que quelqu'un fasse une erreur – 17 **bâillonné** *ici :* non dit – 18 **une équilibriste** Seiltänzerin, Akrobatin – 18 **aérien** *ici :* leicht wie Luft – 18 **tendu** *ici :* gespannt – 19 **dévisager qn** regarder attentivement le visage de qn – 21 **une quincaillerie** *ici :* Metall – 21 **clouter** annageln – 21 **un embroussaillement** *ici :* Gestrüpp – 22 **une touffure** *licence poétique :* **une coiffure touffue** dichte Frisur – 25 **se redresser** sich wieder aufrichten – 25 **faire face** avoir du courage – 27 **saisir qn** *ici :* jdn lähmen

– Pour moi, merci.

– Et un café, voilà.

– Merci. »

Tintement de pièces dans la coupelle en porcelaine. Papier froissé. Le serveur compte, fait disparaître la monnaie au fond de sa poche.

Je n'ai pas bougé. Glissement de la tasse sur la table de marbre. C'est elle, qui pousse lentement vers moi le parfum âcre et noir.

Un frôlement très doux. Sa main ? Un silence. Et puis :

« Ça t'ennuie d'en parler ?

– Non. Seulement, j'en ai pas l'habitude.

– Raconte-moi. Tu es né comme ça ?

– Comment, *comme ça* ?

– Aveugle. »

J'apprécie la saine exactitude, au passage. Je craignais trop l'hypocrisie des mots qui feutrent, paquets-cadeaux pour la douleur.

Non-voyants, pour les aveugles. *Malentendants,* pour les sourds.

Et pour les cons, c'est *non-comprenants* qu'on propose ?

Elle l'a méritée, la réponse.

« Non, je ne suis pas né aveugle, mais je ne me souviens pas de l'époque où je voyais. J'étais petit.

– C'est une maladie ?

– Mmmhhh.

– Et… on ne peut rien faire ?

– Non.

– C'est nul.

– Je trouve aussi…

4 **un tintement** Klimpern – 4 **une coupelle** Schälchen – 5 **froisser** zusammenknüllen – 5 **un serveur** Kellner – 7 **un glissement** → **faire glisser qc** etw schieben – 8 **le marbre** Marmor – 9 **âcre** beißend, streng – 10 **un frôlement** leichte Berührung – 11 **ennuyer** [ɑ̃nɥije] **qn** *ici :* jdm unangenehm sein – 16 **apprécier** aimer – 16 **sain** gesund – 16 **au passage** nebenbei – 16 **craindre qc** avoir de peur de qc – 17 **l'hypocrisie** *f* [ipɔkʀizi] Scheinheiligkeit – 17 **feutrer** *ici :* dämpfen – 20 **un sourd** Gehörloser – 21 **un con** *fam* un idiot

– Tu es dans le noir… noir ? Enfin, je veux dire…

– Je distingue un peu les contrastes, les lumières très vives, des ombres. Pas de couleurs.

– Des ombres ? Par exemple, si je me mettais devant la porte vitrée, là-bas, tu verrais ma silhouette ?

– Très vaguement.

– Bah, dans mon cas, j'aime autant que ça reste vague ! »

Elle rigole. Je la cherche, elle a dû cacher son visage. Le rire est enfermé, elle l'a mis en boîte entre ses mains.

« Pourquoi ?

– Hein ?

– Pourquoi tu préfères que ce soit vague ?

– … Je ne suis pas très… Enfin, je ne suis pas un canon, tu vois. »

C'est dit sans trémolos, pourtant la faille est proche.

« T'es moche ?

– Oooh, merci, sympa ! C'est pas à ce point-là ! Mais…

– Fais voir ! »

Je tends les mains. Mouvement de recul. Elle hésite. « Qu'est-ce que tu veux ?

– Te voir, je t'ai dit.

– Me *voir* ? »

Elle s'étonne. Sa voix s'étire d'un bord à l'autre des oreilles, je sais qu'elle sourit.

« Te voir en braille. Laisse faire.

– Pourquoi ?

– Parce que toi, tu me vois. Moi non. Je pars avec un handicap…

– Ça, j'avais remarqué !… »

2 **distinguer** erkennen – 2 **vif** *ici :* hell – 13 **un canon** *fam* une très belle fille – 15 **sans trémolos** *mpl* avec assurance *f* – 15 **une faille** Riss – 16 **moche** *fam* ≠ beau – 17 **pas à ce point-là** *ici :* nicht so schlimm – 19 **un recul** → **reculer** zurückweichen – 23 **s'étirer** sich erstrecken – 25 **le braille** Blindenschrift

Elle rit encore. D'une autre qu'elle, ce serait limite l'insulte. Mais j'entends la lumière des mots, c'est pas du néon à dix balles, ça brûle fort comme un soleil. Cette fille, elle est vraie.

Tout à coup, ses mains se posent sur les miennes. C'est chaud. Petit, tout petit tremblement. Pression légère. Je respire. J'y vais.

Contour des doigts, intérieur de la paume. Des mains un peu carrées, fermes et douces, paumes larges, doigts longs et déliés de pianiste.

Je remonte sur les poignets. Elle se raidit. Je la joue séducteur :

« Alors ? Émue ?... »

Rire.

« Tu me chatouilles ! »

Je lâche aussitôt les poignets, mains ouvertes en offrande, geste d'apaisement. Paix ! Je viens nu et sans armes, tu vois, petite squaw. Levées vers son visage, mes paumes en berceau devancent la rondeur possible de ses joues. Cécile ne dit rien. Ça me rend nerveux. J'avais dit ça par jeu, par bravade, mais elle m'a pris au mot : elle s'offre à mes mains.

Je pensais, j'espérais le geste de recul, la dérobade. Elle ne bronche pas.

Je m'aventure au hasard, le souffle un peu plus court, le cœur qui pulse au bout des doigts. Les cheveux sont épais. Coupés court, pagailleux. Je hasarde :

« Quelle couleur ? Blond ?

– Châtain. Ça te dit quelque chose ?

– Pour l'instant, non. Plus tard, peut-être. »

1 **limite** *fam* presque – 3 **à dix balles** *fam ici :* pas cher, de mauvaise qualité – 8 **ferme** straff – 8 **délié** *ici :* fein – 10 **un poignet** Handgelenk – 10 **se raidir** sich versteifen – 10 **jouer séducteur** den Verführer spielen – 12 **ému** bewegt – 14 **chatouiller** kitzeln – 15 **lâcher** laisser – 15 **en offrande** *f* → **offrir qc** *ici :* etw opfern – 16 **un apaisement** retour au calme – 17 **un berceau** Wiege – 18 **devancer** *ici :* anticiper – 19 **par bravade** *f* *ici :* pour l'impressionner – 21 **une dérobade** Ausweichmanöver – 22 **ne pas broncher** ne rien dire, ne pas protester – 23 **le souffle** Atem – 25 **pagailleux** [pagajø] *fam* en désordre – 25 **hasarder** risquer

Les pommettes sont hautes, les joues un peu creusées, à peine. Les lèvres…

Ce sera pour une autre fois. Cécile remarque la pause, comprend l'intention suspendue, murmure :

« Tu peux… »

Si je peux, alors je.

Lèvres charnues. Celle du haut, circonflexe, enfantine, déborde un peu par-dessus l'autre. La bouche paraît grande.

« Rigole un peu, pour voir ? »

Elle explose. J'ai du mal à coller à ce déchirement, je perds les commissures, les cherche, les retrouve. Elle pouffe, et me désarticule :

« Hets has tes hoidts han ha houche, ou he te hords ! » La bouche est grande, je confirme ! Le rire est largement fendu.

Mon cœur piétine entre mes côtes, j'ai peur de rougir. Je sais pas.

Les yeux ? Larges ouverts. J'effleure la soie courbée des cils, plane jusqu'aux sourcils, épais, longuement arqués au-dessus des paupières.

« Tes yeux, comment ?

– Noisette. »

Elle hésite, et puis, à demi-voix :

« Avec un peu de vert… »

Noisette et vert. Bien sûr.

Alex entre, je reconnais son pas, lourd et mal cadencé, comme s'il était toujours en retard sur lui-même.

« On reprendra plus tard… », me chuchote Cécile.

Plus tard… Deux mots couleur sucré, qui me durent.

Me doucent.

1 **une pommette** Backenknochen – 1 **creusé** → **creux** hohl – 2 **à peine** kaum – 7 **charnu** wulstig – 8 **déborder par-dessus** *ici :* über etw liegen – 10 **un déchirement** *ici : fig* Riss – 11 **une commissure** *ici :* Mundwinkel – 11 **pouffer (de rire)** in Lachen ausbrechen – 13 **Hets has…** Mets pas tes doigts dans ma bouche ou je te mords ! (**mordre** beißen) – 14 **fendu** *ici :* ouvert – 15 **piétiner** trampeln – 15 **une côte** Rippe – 17 **la soie** Seide – 18 **planer** *ici :* schweben – 18 **arquer** biegen – 21 **(couleur) noisette** *f* haselnussbraun – 25 **mal cadencé** pas en rythme – 28 **me dure** *licence poétique ici :* me reste dans l'oreille – 29 **me douce** *licence poétique ici :* me charme

Nono (et Baluchon)

Pffff ! Maman, elle est pas rigolote. Je peux jamais rien faire, avec elle.

Tout à l'heure, en rentrant à la maison, j'ai dit : « Je peux y aller, dessus la passerelle ?

– Pour quoi faire ?

– Pour faire rien.

– Non, pas tout seul.

– Alleeeeez… Diiiiis…

– Non, je te dis.

– Zut ! Pourquoi ?

– Parce que tu es trop petit. Tu vas te perdre. Et ne réponds pas zut… »

Elle est allée s'asseoir au bord du quai, sur le truc en ciment, là-bas. Elle avait l'air fatiguée. C'est son travail à la gare. Moi, je regardais la passerelle par en dessous. Je sais très bien comment on fait pour y aller. Je suis pas trop petit. On passe par l'escalier en ferraille qui monte, on marche un peu sur le trottoir d'en face, on tourne et on tourne, et ça y est. On y est.

Je suis sûr que de là-haut on voit très bien où c'est qu'ils vont, les trains. On doit voir jusqu'au bout du monde. Et aussi, les bons coins pour creuser ma maison. Elle le sait pas, maman, que je vais la lui fabriquer, cette maison. C'est ma surprise. C'est pour Noël. Faut pas lui dire. J'ai le temps, on voit pas encore des pères Noël dans la rue. Même pas des sapins dans les vitrines, et des lumières accrochées dans les arbres partout. J'ai le temps, mais quand même, ça va pas se faire tout seul non plus. Alors si elle me laisse pas travailler… Mais comme c'est une surprise, je peux pas lui dire. Bon. J'irai creuser un peu tous les jours, quand elle va au travail. Je vais bien m'appliquer. Si le canif ça suffit pas, je prendrai ma cuillère à soupe. Toute

19 **d'en face** (von) gegenüber – 25 **un sapin** Tanne(nbaum)

façon, je m'en sers pas. On en mange jamais, de la soupe. Tant mieux, j'aime pas trop ça. Et puis bon, après, quand on sera Noël, je lui dirai : « Ferme les yeux, maman, j'ai une surprise ! » Et je la prendrai par la main, je la ferai descendre par le grand escalier qui descend.

« Ouvre les yeux, maintenant ! » je dirai. Et quand elle verra tout ça, le grand salon avec toute la place, et les chambres pour elle et moi, et Baluchon, et le couloir pour aller faire pipi à la gare, et la cuisine avec des placards remplis de frites, elle fera : « Oooh ! C'est troooop beau ! »

Baluchon me fait comme ça, d'un coup, en plein réfléchissement :

« Pourquoi qu'on y va pas, sur la passerelle, si c'est si fastoche que ça ?

– J'ai pas dit qu'on irait pas.

– Bon, ben alors, on y va ?

– Non. Pas maintenant.

– Moi, je sais pourquoi t'y vas pas. T'as la trouille !

– Même pas vrai !

– Si, c'est vrai !

– Non. J'ai pas la trouille.

– Ben alors pourquoi ?

– Parce que maman veut pas.

– Pfff !

– Oh, zut ! T'as qu'à y aller tout seul, si t'es pas content ! »

Baluchon hausse les épaules. Je rigole en dedans, parce que ça risque pas.

Il se fâche :

« Et pourquoi ça risque pas que j'y vais tout seul, d'abord ? »

J'aime pas quand il me lit comme ça dans la tête.

« Ça risque pas, parce que t'es qu'un PANDA ! Et VOILÀ ! »

12 **un réfléchissement** *enfantin* une réflexion – 25 **t'as qu'à y aller...** *fam* tu peux y aller...

J'ai crié fort, mais aussi, faut toujours qu'il me met en colère ! Du coup, il dit plus rien. Il fait la tête. M'en fiche, il avait qu'à pas m'énerver. La passerelle, moi, j'y vais *quand je veux* ! J'ai pas besoin d'un sale panda pour me dire quoi faire.

Maman est toujours sur le truc en ciment. Elle est tranquille. Elle regarde un petit coup vers moi, pour voir pourquoi je suis en colère, et après, elle lève bien haut sa tête en arrière. Elle regarde le ciel, mais en fermant les yeux. Je fais ça aussi, moi, des fois. Quand on ferme bien fort, le soleil, ça fait comme une couleur toute rouge, dedans. Les nuages, ils font rouge aussi, mais en plus noir.

Et si on regarde longtemps longtemps la passerelle, avant, quand on ferme les yeux, elle reste collée à l'intérieur, même si on se met les mains devant. On voit tout bien, la rampe, les barrières, tout, mais ça devient blanc, et puis jaune, et puis rouge, et puis bleu, et puis ça s'en va par les bords. Et faut re-regarder pour que ça recommence.

Moi, j'aime bien jouer à ça. À me faire des passerelles. Maman aussi. Normal, c'est ma maman. Elle me ressemble un peu.

7 **en arrière** nach hinten

Cécile

Nelson. « Nel »…

J'ai failli le haïr, celui-là. Je déteste ceux qui se la jouent artiste, ceux qui se croient en représentation. Différents du commun des mortels. Ceux qui se *donnent un genre,* comme disait mon père.

Alors lui… Avec ses cheveux bleus, ses boutons de jean en piercing tout le long de l'oreille, ses lunettes noires, et son diminutif « série américonne ».

Et cette façon de ne pas me regarder franchement, lorsque je pose une question…

Quand il s'est levé pour partir, je l'ai toisé, mauvaise. Et puis j'ai demandé aux autres, en le regardant s'éloigner, raide comme la justice :

« Qui c'est, ce crétin, là, avec sa frime ? Ça lui prend souvent de mépriser les gens comme ça ? Quel bouffon ! »

Ils ont tous fait une tête bizarre. Alex a répondu, après un silence un peu lourd :

« Il est pas frimeur, Nel… Il est aveugle. J'ai pas pensé à te le dire.

– Mais il est trop gentil, en fait, quand on le connaît bien ! a ajouté Yohan, très vite, comme si c'était important de me convaincre.

– Aveugle ? »

J'ai failli ajouter que ce n'était pas une raison pour… Pour quoi, au fait ? Pour avoir les cheveux bleu pétard, et les lobes d'oreilles déguisés en braguettes ?

3 **faillir** [fajiʀ] **faire qc** presque faire qc – 3 **°haïr** [ˈaiʀ] détester – 5 **le commun** [kɔmœ̃] **des mortels** die Normalsterblichen – 5 **se donner un genre** *fam* jouer un rôle pour être remarqué – 9 **un diminutif** une forme plus courte d'un nom – 9 **américonne** *licence poétique* américain + con(ne) – 10 **franchement** ≠ timidement – 12 **toiser qn** jdn verächtlich mustern – 13 **raide** steif – 15 **un crétin** *péj* un idiot – 15 **la frime** *fam* Angeberei – 15 **ça lui prend souvent de faire qc…** *fam* il lui arrive souvent de faire qc – 16 **un bouffon** *péj* un idiot – 26 **au fait** [ofɛt] überhaupt – 26 **bleu pétard** *m* knallblau – 26 **un lobe d'oreille** *f* Ohrläppchen – 27 **se déguiser en qc** sich als etw verkleiden – 27 **une braguette** Hosenschlitz

Pas une raison pour refuser de répondre… à quelle question, déjà ? Elle me revient, me fait rougir, qu'est-ce que tu fais *pour Noël* ? Un peu de spéléo, peut-être, pour te changer du noir ?

Je me mords les lèvres, nerveuse. Je me sens mal. Très mal. Je déteste avoir tort.

Je n'aime pas blesser.

Je ne rentre au lycée que demain (il manque des papiers pour le secrétariat), je me suis gardé quartier libre. Un petit tour dans le secteur, chercher les librairies, les magasins sympas, les cinés, repérer le nom des rues. Je pense à Nel, malgré moi. Il m'intrigue. Je n'ai jamais rencontré d'aveugle avant lui. Je voudrais le connaître mieux, j'ai plein de questions à lui poser. Je suis curieuse.

Ce n'est pas de l'indiscrétion, les autres m'intéressent. Je veux tout savoir, tout comprendre, je n'arrive jamais à mettre une sourdine à mes pourquoi. Il y en a qui détestent, d'autres que ça amuse. Je suis comme ça.

Vers midi, Alex mange un hamburger en vitesse avec moi, puis me laisse pour aller retrouver sa copine. On a rendez-vous à deux heures et quart, dans le café de ce matin. J'ai trop froid, j'y vais en avance. Le schtroumpf aux cheveux bleus est là, à une table, sa chienne endormie à ses pieds. Je m'avance.

La chienne dresse une oreille. Lui aussi.

J'entame la conversation par un « Salut, t'es seul ? » extrêmement original. Il me décoche un « oui » polaire.

Cinq minutes plus tard, sans que je sache bien comment on en est là, il se promène, du bout des doigts, sur mes mains et sur ma figure.

J'ai eu peur de passer pour une idiote, une nana coincée. Mais ce n'est pas de moi du tout, cette facilité à m'offrir. De

3 **la spéléo(logie)** Höhlenkunde – 5 **avoir tort** ≠ avoir raison – 8 **avoir quartier libre** être libre de faire ce qu'on veut – 10 **repérer** *ici :* mémoriser – 11 **intriguer qn** jdn neugierig machen – 15 **mettre une sourdine à qc** *ici :* etw mäßigen – 21 **en avance** plus tôt – 21 **un schtroumpf** Schlumpf – 23 **dresser** *ici :* heben – 24 **entamer qc** commencer qc – 25 **décocher (une réponse)** *ici :* schroff antworten – 29 **une nana** *fam* une fille – 29 **coincé** *fam* ≠ ouvert d'esprit, courageux

n'importe qui, j'aurais évité ça, cinglante. D'ailleurs, personne d'autre n'aurait eu cette étrange façon de faire connaissance. Est-ce que tous les aveugles font ainsi ? Si je l'avais repoussé, je l'aurais peut-être vexé. Et, même si je ne me le dis qu'à moitié, une fois passée la crainte d'être ridicule aux yeux des autres clients, je trouve l'expérience étonnante, mais pas désagréable.

Il me lit, non, il m'épelle, d'une façon légère. Il a des gestes attentifs, d'une surprenante timidité. C'est à peine s'il m'effleure, à peine s'il me frôle. Il passe, revient un instant en arrière, contourne, hésite, recommence, avec cette tension, cette expression sérieuse, concentrée, qui ne le quitte pas.

Ce n'est ni vraiment gênant, ni même ambigu. Juste émouvant, d'une drôle d'émotion qui me gagne, me noue un peu le ventre, me fait taper le cœur.

Il demande la couleur de mes cheveux, puis, plus tard, de mes yeux. Pourquoi ? Qu'est-ce que ça peut éveiller comme réponse, pour lui, qui ne connaît rien d'autre que le noir et le blanc ?

J'ai peur de tout ce que ses mains vont découvrir de moi, je me sens nulle. Les yeux trop écartés, la bouche trop fendue, les pommettes trop hautes, larges, plates, asiatiques.

Il met dans ses gestes une pudeur que n'ont jamais eue *les autres* avant lui. Je me dis qu'il ne pourra pas m'imaginer en entier, je resterai un puzzle inachevé. En me prenant par tout petits morceaux choisis, qui sait, je peux lui paraître jolie ? Pendant qu'il poursuit son exploration, je le détaille à mon tour. On se ressemble un peu. Joues creuses, la pommette qui saille haut. Nez droit. Front lisse. Sous la frange, pour moi. Pour lui, sous un azur rebelle. Bouche large. Ses lèvres sont plus fines que les miennes, moins bébé. D'une couleur plus

1 **cinglant** *ici :* clairement, sans compromis – 4 **vexer** verletzen – 6 **étonnant** surprenant – 7 **désagréable** unangenehm – 8 **épeller** buchstabieren – 13 **gênant** peinlich – 13 **ambigu** zweideutig – 14 **gagner qn** *ici :* jdn überkommen – 14 **nouer** verknoten – 21 **être écarté** *ici :* weit auseinander stehen – 23 **la pudeur** *ici :* le tact, la délicatesse – 25 **inachevé** pas fini – 27 **poursuivre qc** continuer qc – 29 **saillir** vorstehen – 29 **une frange** Pony

pâle, aussi. Ce n'est pas le genre que j'aime, le style qui me fait rêver. Mais je regrette les mots « frime », « crétin », « bouffon » qui me sont venus à l'esprit ce matin. Je le trouve touchant. Du coup, je me méfie de moi-même.

J'ai trop souvent le cœur en bataille navale : touchée... coulée.

Il a parfois des mots difficiles, il parle comme un prof. Pourtant non, c'est autre chose. Il ne joue pas l'adulte, il n'essaie pas d'intimider. On dirait... C'est un peu comme si sa précision était un moyen de défense. Il ne fait pas dans l'à-peu-près. Il parle sur un rythme lent, j'ai envie de le précéder, de l'attendre au bout de ses phrases. Est-ce qu'il parle ainsi parce qu'il n'y voit pas ? Moi, je cours toujours d'une idée à l'autre, mes mots sautent les barrières, galopent. Lui, il parle à tâtons, prudemment. J'aimerais bien voir ses yeux. Je n'ose pas lui demander d'enlever ses lunettes. Je crains de le gêner. Je crains ce qu'il me faudrait découvrir. J'ai des suppositions horribles... Des yeux vitreux de poisson mort. Crevés. Enfoncés dans l'orbite. Une laideur que je ne pourrais supporter.

Alex, en arrivant, me sauve. Nel s'éloigne. Je regrette aussitôt ses mains douces.

Je murmure : « On reprendra plus tard. » Un sourire enfantin l'illumine.

Il est en terminale, comme moi. Nous habitons dans des rues parallèles.

J'y vois un signe. Je ne sais pas de quoi.

3 **touchant** rührend – 4 **se méfier de qc** etw misstrauen – 5 **(jouer à) la bataille navale** Schiffe versenken (spielen) – 5 **touché coulé !** Treffer, versenkt! – 9 **intimider** impressionner – 10 **faire dans l'à-peu-près** *m fam* ne pas être exact – 15 **à tâtons** *mpl ici :* en faisant attention – 15 **prudemment** [pʀydamɑ̃] → **la prudence** Vorsicht – 18 **vitreux** de la couleur du verre – 18 **crevé** *fam* mort – 18 **enfoncer** hineindrücken – 19 **une orbite** Augenhöhle – 19 **la laideur** ≠ la beauté – 20 **sauver qn** jdn retten

Laurence

Les jours diminuent. L'espoir aussi. Le froid m'envahit le cœur, me raidit jusque dans les os. Le matin, une pellicule de glace fige les flaques d'eau qui stagnent au bord du quai. Je veille sur Nono, mon âme, au petit jour. Son souffle fait planer des écharpes de brumes dans notre univers de carton détrempé. Hier, j'ai retrouvé au fond de mon blouson, glissé dans la doublure par un trou dans ma poche, le papier que m'avait donné l'institutrice, quand je suis arrivée. Le numéro de téléphone de l'assistante sociale, ses horaires de consultation… Depuis combien de temps je l'ai sur moi, déjà ? Quelques semaines. Le temps de repousser avec dédain l'idée de déchéance, de la frôler ensuite. De camper maintenant sur ses bords. Quelques poignées de jours me séparent de ce qui était ma vie normale : un homme dans mon lit, un enfant, un appart. Un boulot. Les courses au supermarché, le ciné, les week-ends. Les vidéos louées par paquets de trois, quatre. Avec cet argent-là, j'aurais pu en acheter, des cachets d'aspirine, pour combattre les maux de tête qui me prennent de plus en plus souvent et mettent des heures à passer ! Nono et moi, on vit, on survit, juste en marge du monde, dans un carton de réfrigérateur, un gros, de marque américaine, abandonné ici par quel hasard ? Une coquille vide, fragile. Mal protégée du mauvais temps, de l'usure des jours, par une bâche en plastique trop mince, récupérée dans une benne à ordures, un soir de *chance*… Pauvres bernard-l'ermite, serrés l'un contre l'autre, dans l'attente d'on ne sait quoi.

2 **diminuer** *ici :* devenir plus court – 2 **envahir** *ici : fig* refroidir – 3 **un os** [ɔs, o] Knochen – 3 **une pellicule** un film – 4 **figer** *ici :* frieren – 4 **une flaque d'eau** Pfütze – 5 **veiller sur qn** faire attention à qn – 6 **une écharpe** *ici : fig* Schal – 6 **la brume** Nebel – 7 **détrempé** aufgeweicht – 8 **une doublure (d'un manteau, blouson, etc.)** Futter – 9 **un instituteur(-trice)** Grundschullehrer(in) – 12 **le dédain** Verachtung – 13 **la déchéance** *ici :* sozialer Abstieg – 14 **une poignée** Handvoll – 17 **louer** *ici :* ausleihen – 18 **un cachet** Tablette – 19 **un mal, des maux** Schmerzen – 21 **en marge** *f* **de qc** à la limite, à côté de qc – 23 **une coquille** Gehäuse – 24 **l'usure** *f* **des jours** tägliche Abnutzung – 25 **une benne à ordures** *fpl* un container à poubelles – 26 **un bernard l'ermite** Einsiedlerkrebs

Le plus dur, ce n'est pas le froid, ce n'est pas tout ce qui nous manque.

Le plus dur, le plus insupportable, c'est de regarder Bruno dormir, son panda serré contre lui, dans la lumière froide du matin qui tarde à venir, plus l'hiver s'avance. Le regarder, et ne rien pouvoir faire.

Certains jours, je n'ai même plus envie de me lever.

C'est Nono qui me pousse, étonné, en sortant sa frimousse du duvet dont les plis ont imprimé des sillons sur sa joue. Lorsqu'il me voit ainsi resserrée sur moi-même, avare de ma propre chaleur, il m'entoure de ses bras tendres, pose sur moi son œil humide et brun de veau sous la mère, frotte son nez gelé au pli chaud de mon cou, et murmure :

« T'y vas pas, au travail, aujourd'hui, maman ?

– Si, mon bébé…

– Tu me rapportes une pizza ?

– On verra, poulet.

– Super !

– J'ai dit "on verra"…

– Super ! »

Et je me lève. Un bisou au hasard de ses épis de hérisson. Il se rendort déjà. Je m'habille avec le minimum de gestes, dans l'illusion de tiédeur du duvet. Mais le moindre mouvement suffit, déjà un courant d'air s'insinue, s'agrippe à mes mollets, remonte tout au long de mes cuisses. Je me tétanise, j'ai la chair de poule, avant-goût amer des frissons que je vais endurer en sortant. C'est un tel effort, pour ne pas se recoucher aussitôt, le duvet rabattu sur la tête, les yeux clos, fermeture annuelle.

8 **la frimousse** *fam* le visage – 9 **un pli** Falte – 9 **imprimer des sillons** *mpl ici : fig* dessiner des lignes – 10 **ainsi** so – 10 **être avare de qc** vouloir garder le plus de qc – 11 **propre** eigen – 12 **un veau sous la mère** Kalb – 21 **un épi** *ici :* Stachel – 23 **la tiédeur** la faible chaleur – 23 **le moindre mouvement** *ici :* le plus petit mouvement – 24 **s'insinuer** einschleichen – 24 **s'agripper à qc** sich an etw festklammern – 24 **un mollet** Wade – 25 **se tétaniser** verkrampfen – 25 **avoir la chair de poule** *f* Gänsehaut haben – 26 **un avant-goût** Vorgeschmack – 26 **un frisson** *ici :* Zittern – 26 **endurer qc** etw ertragen – 28 **rabattre qc** *ici :* poser qc – 28 **clos(-e)** fermé

Les jours où je sais que je vais voir Lucas, c'est un petit peu moins difficile. Un adulte avec qui parler, rien que ça, c'est presque le bonheur.

Bien sûr, il y a Maurice, Ali, et Valentine. Zonards, clodos, qui ont leurs quartiers d'hiver à la gare, eux aussi. Passé la première méfiance (chacun son coin, chacun sa manche, gaffe, on ne tolère pas la concurrence, par ici), on s'est apprivoisés, un peu, les uns les autres. Mais toucher le fond à plusieurs, ça ne fait pas des points communs. Ce ne sont pas mes amis. On ne partage rien d'autre que la dèche. On y est venus par des chemins qui n'avaient aucune raison de se croiser un jour.

Ali est arrivé en France il y a trois ou quatre ans, je crois. Il a abandonné ses rêves dans l'Atlas. Sans travail, comme moi. Pire : seul, sans papiers, sans réelle existence. Il encaisse tous les affronts, subit tous les racismes. Pauvre, arabe, malade, clandestin… Que demander de plus pour le haïr ? Le patron de Lucas doit en rêver la nuit… Un type comme Ali, s'il pouvait, il l'achèterait pour le battre.

En attendant, Ali se rétrécit. Il flotte dans ses jeans pourris. Il reste prostré, des heures durant, sur ses rages de dents infernales, qui lui ébrèchent lentement le sourire. Qui lui ébréche*raient*, s'il souriait encore, mais ce n'est plus le cas. Je ne sais pas où il dort. Il reste parfois quinze jours sans venir, puis il revient, avec un regard de fantôme. Il ne parle plus. Depuis peu, il s'est mis à boire, sur les conseils éclairés de Maurice. Lui, c'est un vieux routard revenu de toutes les galères, orphelinat, drogue, prison. Il boit pour oublier qu'il n'a plus de mémoire, et s'étonne de voir que je ne veux pas en faire

6 **chacun sa manche** *ici :* jeder seine Stelle, wo er betteln darf – 7 **s'apprivoiser** *ici :* apprendre à se connaître – 8 **toucher le fond** *fig* ganz unten angekommen sein – 10 **la dèche** *fam* la pauvreté – 15 **un affront** Beleidigung – 15 **subir** hinnehmen – 16 **clandestin** illegal – 19 **se rétrécir** devenir plus petit – 19 **flotter dans un vêtement** → p. 10 – 19 **pourri** *ici :* dreckig – 20 **prostré** niedergeschlagen – 20 **une rage de dents** Zahnschmerzen – 21 **infernal** *ici :* schrecklich – 21 **ébrécher** casser un peu – 25 **se mettre à faire qc** commencer à faire qc – 25 **éclairé** intelligent – 26 **un routard** *ici :* Landstreicher – 27 **une galère** *fam* une situation difficile – 27 **un orphelinat** Waisenhaus

autant. Il a l'alcool bavard. C'est lui qui boit, c'est nous qu'il saoule. Valentine, c'est une autre histoire ! Valentine, c'est du Zola. Elle a passé sa vie sur le trottoir. Hier, c'était son bureau. Elle y avait ses clients, ses horaires. C'est sa maison de retraite, aujourd'hui. Un beau matin, elle y mourra, dans la plus grande indifférence. Elle a toujours, dans un des bonnets de son vieux soutien-gorge immense, « *contre mon cœur, ma jolie* », un petit papier jauni, plié, déplié mille fois. Une adresse. Celle du cimetière où elle veut qu'on l'enterre, en banlieue. Là-bas, il y a son caveau de famille, concession à perpétuité. Elle en est fière.

La première fois qu'elle m'en a parlé, ça m'a filé une drôle d'angoisse, penser que son seul bien, c'est un trou dans le sol, une tombe. Mais finalement, maintenant que je la connais mieux, je crois que je comprends. Cette adresse, c'est sa dernière certitude : elle vient de quelque part. Elle y retournera. Valentine a eu un passé, une enfance, une famille. Elle peut le prouver : elle est *propriétaire*.

La mort, ça ne lui fait pas peur. Ce qu'elle craint, c'est mourir de façon anonyme. Pour le reste, rien ne l'effraie. La ville lui appartient. Elle connaît tous les plans pour éviter les flics, manger à l'œil, dormir au chaud : foyers, Restos du Cœur et permanences sanitaires. Elle m'engueule chaque fois qu'elle me voit, avec son souffle court et sa voix de ferraille :

« T'y penses un peu, à ton gamin ? Va voir aux Alouettes, ou au foyer des Acacias : ils y prennent les mères avec leurs gamins, je te dis. Si tu sais y faire, tu peux y passer tout l'hiver,

1 **avoir l'alcool** *m* **bavard** parler beaucoup après avoir bu de l'alcool – 2 **saouler** [sule] *ici : jeu de mots* **se saouler** sich betrinken + **saouler qn** *fam* jdn totreden – 2 **c'est du Zola** *pop* c'est triste, déprimant – 4 **une maison de retraite** *f* Altersheim – 6 **un bonnet de soutien-gorge** *m* BH Körbchen – 9 **un cimetière** Friedhof – 10 **un caveau** Familiengruft – 10 **une concession à perpétuité** *f ici :* unbefristet gepachtet – 12 **filer qc à qn** *fam ici :* etw bei jdm verursachen – 13 **un bien** Vermögen – 14 **une tombe** Grab – 16 **une certitude** ce qui est sûr – 21 **appartenir à qn** jdm gehören – 21 **un flic** *fam* un policier – 22 **à l'œil** gratuitement – 22 **un foyer** Wohnheim – 23 **une permanence sanitaire** medizinische Ambulanz – 23 **engueuler qn** *péj* jdn anschnauzen

ma belle. Et même, ils pourraient te trouver du boulot. Tu sais causer, ça se voit bien, que t'as de l'instruction. Merde, si j'avais ton âge et un mioche, je resterais pas à glander dans la rue ! Y a pas d'avenir, ici, ma pauvre poule, pas d'avenir !… »

Je sais. Mais les foyers me terrorisent. À tort ou à raison, j'ai de vagues souvenirs de reportages. Vraiment vus, ou rêvés ? Enfants séparés de leurs mères, placés en familles d'accueil. Mères déchues de leur droit de garde.

Et depuis quelque temps, j'ai peur d'autre chose. Je crains de me persuader, moi aussi, que Bruno serait plus heureux sans moi. Sonner un matin à la porte d'un service social, et le déposer là, de mon plein gré, dans les bras d'étrangères.

D'autres qui ne sauraient pas les histoires à raconter le soir. Ni celles du matin. L'endroit où faire la voix de la sorcière, le grognement du méchant loup. Le moment précis où la main doit voler comme un moustique, zzzz, pour descendre en piqué, et se déchaîner sur son ventre, en chatouilles. D'autres qui ne sauraient pas fabriquer ses fous rires.

C'est mon fils. Je ne sais pas mieux dire que je l'aime. Je ne sais pas.

Mais si le froid persiste… Et il persistera, on est seulement fin novembre… J'irai la voir, l'assistante sociale. J'accepterai, en souriant, tous les verdicts. S'il le faut, je dirai à Nono que c'est mieux. Pour son bien.

En attendant, je triche avec moi-même. Je m'invente des accalmies.

Lucas m'a donné un réchaud : « Mais si, tenez. Je l'avais en double. Et puis, moi, vous savez, le camping… »

C'est un cadeau précieux. Précieux comme un cadeau.

2 **causer** *fam* parler – 2 **avoir de l'instruction** *f* Bildung haben – 3 **un mioche** *fam* un enfant – 3 **glander** *fam* ne rien faire – 8 **être déchu de qc** perdre qc – 8 **droit de garde** Sorgerecht – 10 **se persuader** *ici :* sich einreden – 12 **de mon plein gré** freiwillig – 14 **une sorcière** Hexe – 15 **un grognement** Knurren – 16 **un moustique** Mücke – 17 **en piqué** im Sturzflug – 17 **se déchaîner en chatouilles** *fpl ici :* wild kitzeln – 18 **un fou rire** un rire difficile à stopper – 21 **persister** continuer – 23 **un verdict** une décision officielle – 26 **une accalmie** *ici : fig* une phase plus calme – 27 **un réchaud** Gas-/ Benzinkocher

Maintenant, nos matins parfumés au lait chaud sont moins tristes. Les croissants de Lucas trempés dedans, même s'ils sont de l'avant-veille, c'est du bonheur. Aussi clair que le rire, à bouche pleine, de Nono.

Tous les soirs, je m'endors en croyant au miracle. Tous les matins, je suis déçue. Je repousse toujours, d'un jour, l'inévitable. On verra bien *demain*…

Nono (et Baluchon)

Maman est partie faire des courses. J'ai pas voulu y aller.

« J'ai sommeil, je suis fatigué », j'ai dit.

C'est des mensonges inventés. Mais je suis obligé, c'est pour son bien.

« Sois sage, mon minou, je vais acheter du lait, et du gaz pour le réchaud de Lucas… »

Maintenant, on a un réchaud, et ça *réchauffe* le repas. Les mots, des fois c'est rigolo, ça veut dire tout juste à quoi ça fait penser. Et Deluca, ça veut dire la marque. Comme la voiture à François qui était une Fiatte. Bleue.

Aujourd'hui, je m'ai décidé : je vais sur la passerelle. Y a que Baluchon qui était au courant. Il avait pas intérêt à cafter, sinon !…

Pendant que maman part, il me demande :

« C'est quand qu'on y va, à la passerelle ?

– *Sékankon* ?

– Quand c'est qu'on y va ?

– Attends encore un peu, qu'on voit plus du tout maman au coin, là-bas.

– C'est bon, là ?

– Attends, je te dis, mince !

– Et là, c'est bon ? On peut, ça y est ?

– Ouais ! »

On court jusqu'à l'escalier qui monte, en regardant partout des fois qu'il y a quelqu'un, ou même un cracache, on sait pas. L'escalier est tout en ferraille, avec une rampe qui bouge dans le mur quand on s'accroche.

« Me lâche pas ! » pleurniche Baluchon.

Faut toujours qu'il a les chocottes.

13 **être au courant** *ici :* savoir – 13 **cafter** *fam* verpetzen – 30 **avoir les chocottes** *fam* avoir peur

On arrive sur le trottoir. Je sais très bien où je vais. Je suis pas perdu. Maman croit que je suis petit, mais je suis pas petit du tout, en tout cas pour me perdre. Je tourne là et puis là, et voilà. Je suis en plein devant la passerelle. Elle est longue de cent milliards de kilomètres, et en dessous c'est profond jusqu'à pic.

Je marche un peu dessus, mais pas loin, parce qu'on voit les rails quand on regarde au travers du plancher en fer. J'aime pas trop, de voir tellement jusqu'en bas. Ça me fait tout bizarre dans le ventre. On dirait que mes doigts de pied sont rapetis dans mes chaussures, et que je vais me tomber en dedans. J'aurais pas cru que c'était haut comme ça.

Baluchon est mort de trouille, il fait rien qu'à me tirer la main pour qu'on s'en va, et tout de suite encore. Mais j'ai promis que j'allais faire une belle maison à maman, avec une grande cuisine pour mettre son réchaud Deluca.

Alors c'est pas le moment que j'écoute des caprices de panda. Je me fâche :

« Toi, d'abord, tu vas pas me faire la comédie !

– Je fais pas la comédie, pleure Baluchon, j'ai peur de tomber par les trous ! »

Qu'il est bête ! Ça se peut pas, de passer par des trous de passerelle. C'est des trop petits trous. Même un panda, il pourrait pas ! Allez, je vais jusqu'au milieu !

Je me tiens quand même à la rampe, qui est toute froide et peinte en marron-vert.

Ben, c'est pas si joli que ça, le paysage. Je vois complètement la gare, avec les rails, les trains, mais pas ce qu'il y a derrière, sauf des immeubles aux toits vilains remplis de cheminées. À part ça, on voit rien sur le bout du monde. Je regarde en bas. Whouaou.

5 **profond jusqu'à pic** *enfantin ici :* **à pic** steil – 8 **un plancher** Boden – 10 **rapetis** *enfantin ici :* **rapetissés** devenus plus petits – 17 **un caprice** Quengelei, Laune – 27 **un paysage** Landschaft – 29 **un immeuble** Gebäude – 29 **un toit** Dach – 29 **vilain** ≠ beau

Je sors mon papier, mon crayon, pour faire un plan. Un plan, c'est un dessin avec des choses plates. La maîtresse, à l'école d'avant, elle nous avait montré un plan de notre classe. J'étais petit, j'avais rien compris du tout. Maintenant, c'est pas pareil. Le plan, c'est moi qui va le faire. Je dessine le grand mur avec les arcades, qui font des petits ponts fermés par un bout. Dessous une des arcades, juste en bas à mes pieds, je vois ma maison, toute petite. Elle est trop rigolote, avec les mots écrits sur le carton.

J'ai demandé à maman ce qu'il y avait de marqué, un jour. Elle a fait semblant de mettre des lunettes, elle a rapproché son nez, pour lire les mots de près, comme une mamie, les sourcils froncés. Elle a fait, comme ça, en suivant une ligne avec son doigt :

« Mmmhhh… Voyons, voyons. Il y a écrit : *Maison de Nono-Baluchon.*

– Et là ?

– Haut.

– Et là ?

– Bas.

– Et là ?

– Fragile…

– …? »

C'est pour ça que je vais en faire une autre, de maison. J'en veux pas une qu'est *fragile*. Je le sais bien, que le loup va pas venir. J'y crois plus depuis longtemps, à toutes ces histoires de loup. Maman, elle, elle y croit encore un petit peu.

Normal, c'est une fille.

Moi, je veux fabriquer une maison solide pour les jours où il pleut trop fort. Parce que la nôtre, quand y a des orages, elle devient toute molle d'en bas. Quand je suis dans mon duvet, et que j'appuie avec mon doigt, dans le coin du mur qui touche par terre, ça s'enfonce, on dirait que je vais passer au travers.

22 **fragile** zerbrechlich – 31 **mou, molle** weich – 33 **s'enfoncer** *ici :* eindrücken – 33 **passer au travers de qc** durch etw hindurchgehen

J'ose pas lui dire, à maman, elle est déjà assez embêtée, avec son travail à la gare, et les duvets qui sèchent pas, le froid aux pieds, tout ça. Mais moi, j'ai peur qu'un jour qu'il pleut, la maison nous tombe sur la tête. La nuit.

Et puis c'est pas tout. Il y a une question que je me pose dans ma tête : quand on vit pas dans une vraie maison, le Père Noël, comment il peut savoir l'adresse ?

Moi, la sienne, je la connais. C'est toujours maman qui me fait l'enveloppe :

Père Noël
Rue des Étoiles
Haut-du-Ciel

Mais lui, il va mettre quoi, sur sa liste ? Peut-être qu'il mettra :

Nono
Maison en carton
Dessous-du-Pont

Peut-être aussi qu'il mettra rien.

Peut-être qu'il va porter des jouets à tout le monde entier, sauf à moi. C'est pour ça que je vais la faire, ma maison. Après, je mettrai un panneau, devant l'entrée, avec mon nom écrit dessus. Et le soir de Noël, je laisserai Baluchon devant la porte pour que le Père Noël trouve de suite.

« C'est ça, pour que je me prends le rhume !

– Toi, tu feras ce qu'on te dit !

– Non !

– Fais pas ton commandant !

– Je fais pas mon commandant, je veux pas rester dehors la nuit, c'est tout. Et crie pas, y a quelqu'un ! »

1 **oser faire qc** sich trauen etw zu tun – 2 **sécher** devenir sec – 20 **un panneau** Schild – 22 **de suite** *fam* tout de suite

Je me retourne. Ben c'est vrai. Le grand de l'autre jour, celui qui pleurait, il est sur la passerelle. Je le reconnais à cause des cheveux bleus et des lunettes. Et des pattes de son chien, qui est tout jaune, et juste gros comme j'aime pas.

Déjà que j'ai la pétoche de tomber en bas, si en plus y vient des animals féroces !

« Ah ! Tu vois ! T'as la pétoche de tomber, toi aussi ! me cherche Baluchon.

– J'ai pas dit ça pour ça. J'ai pas la trouille pour de vrai, moi. C'est pas comme toi, des chocottes à pipi-culotte !

– Je fais jamais pipi à la culotte, je te ferai dire. Des culottes, j'en mets pas. Et puis moi, j'ai pas les caguettes quand je vois un chien. Moi.

– Toi, ta gueule ! je crie.

– Quoi ? » fait le grand, derrière moi.

Zut. J'y pensais plus, à lui. Je me retourne. Houlà. Il est vraiment grand, genre immense. Et puis, il est bizarre. Il a des trucs vissés plein partout les oreilles. Et son chien, j'ai beau lui faire file avec les mains, il vient me renifler entre les jambes, j'aime pas trop. Si je me mets à courir, il va sûrement me partir derrière pour me manger. C'est maman qui me l'a appris, ça. Quand on voit un chien méchant, il faut jamais courir. *Il faut faire face.*

« Tu m'as parlé ? » redemande le grand.

Il dit ça sans me regarder. Je réponds, pas fort : « C'est pas à toi que je l'ai dit, d'abord.

– Que tu as dit quoi ? fait le grand sans baisser la tête.

– "Ta gueule"...

– Oh, d'accord. Et tu parlais à qui ?

– À Baluchon... »

Il répète « *Baluchon* ? », d'un air de réfléchir. Je le lui montre, planqué derrière mon dos comme un sale froussard. Le grand, ça a pas trop l'air de l'intéresser. Le gros chien, si. Il s'avance

5 **avoir la pétoche** *fam* avoir peur – 6 **féroce** wild – 12 **avoir les caguettes** *fam* avoir peur – 18 **visser** anschrauben – 28 **Ta gueule** *f* **!** Halt die Klappe! – 32 **un sale froussard** ≠ un courageux

encore un peu contre moi, je peux pas me rentrer plus que ça dans la barrière.

« Il mange les gens, ton chien ? » je demande.

Le grand fait un drôle de sourire, il baisse la tête, ce coup-ci. Il regarde vers moi, mais pas tout à fait quand même, en répondant :

« Ça dépend lesquels. Les petits comme toi, ça ne l'intéresse pas beaucoup, en principe…

– Pourquoi ?

– Trop maigres. Rien à bouffer…

– Aaaah ?… »

Le grand sourit encore, avec son air bizarre. Il dit que non, c'est pour rire. Son chien, c'est une chienne, elle s'appelle Boussole, elle est très gentille, sauf avec les méchants. Oh, alors ça va, je lui dis, parce que moi, je suis pas un méchant du tout. Et Baluchon non plus, sauf les fois qu'il m'énerve.

Baluchon râle : « Mmmfff mmmff mmmff ! »

Mais on l'entend pas bien, je lui ai fichu la tête dans ma poche.

Le grand veut savoir qui c'est, Baluchon. Je lui dis que je lui ai montré tout à l'heure, tu te rappelles pas ? C'est lui, là ! Il me dit qu'il le voit pas.

« T'es miro ? » je fais.

Maman dit toujours ça quand je trouve pas mes chaussettes ou mon pull. *Enfin quoi, mon Nono, t'es miro, c'était sous ton nez, et tu ne l'as pas vu ?*

« Mieux que ça, répond le grand. Je suis aveugle.

– Et ça fait quoi ?

– Ça fait que je n'y vois rien.

– C'est tes lunettes. Elles sont toutes noires. Enlève-les.

– Non, ce sont mes yeux. Ils ne marchent pas bien.

– Mais t'y vois rien-rien-rien ?

– Rien du tout. »

10 **bouffer** *fam* manger – 23 **miro** → **miraud** *fam* kurzsichtig

Je lui fais une grimace terrible, avec les doigts, la langue sortie, les yeux qui tournent. Ben mon vieux, c'est vrai. Il y voit rien *du tout*.

« Comment tu fais pour pas tomber par terre si t'y vois pas ? »

Le grand m'explique. Boussole, elle est *dressée*. Elle s'assoit quand il y a un trottoir, une marche, et stop, et stop. Elle connaît tout : les feux rouges, les feux verts.

Super. Je vais dresser Baluchon pareil. Le grand me dit qu'il s'en va, maintenant, parce qu'il a du travail à faire. Justement, moi aussi, je réponds. Il me demande c'est quoi. Je lui montre le plan. Zut, c'est vrai, ça sert à rien que je lui montre ! Et expliquer avec des mots, j'aime pas ça. Enfin bon, je lui raconte la maison, le plan, tout. Sauf les cracaches. C'est le genre à pas croire aux cracaches. Pire que maman, je sens ça.

Il écoute tout sans rire. À la fin, il demande :

« Où est-ce que tu habites ?

– Là, en bas. *(Zut, il y voit toujours rien.)* La maison marron, là.

– Ah ? Il y a des maisons, sous la passerelle ? Je ne savais pas… Ton père doit travailler à la gare, non ?

– Non, c'est maman.

– Bah, c'est pareil. Comment tu t'appelles ?

– Nono. Et toi ?

– Nel. »

Bon, il s'en va, au revoir, Nono. C'est sûrement qu'on va se revoir, alors. Quand il est loin, je crie :

« Hé ! Nel ! »

Il se retourne un peu, il fait :

« Oui ?

– Pourquoi tu pleurais, l'autre jour ? T'étais triste ?

– Oui.

– Tu l'es plus ?

– Non. »

Et il repart.

Moi, j'ai décidé d'aller jusqu'à l'escalier en ferraille en fermant les yeux. Pour voir comment c'est, quand on y voit rien.

« Pfff ! Tu triches, tu les fermes pas pour de vrai, tes yeux !

– Ben je suis pas bête, aussi ! T'es pas dressé !

– J'ai pas besoin. C'est que les chiens qu'ont besoin.

– Si je ferme les yeux pour de vrai, tu me dis quand y a une marche ?

– Fastoche ! »

Je me tiens à la rampe quand même, parce qu'on y voit rien, quand on y voit pas. Baluchon me tient par la main. Il s'assoit à chaque marche, attention, stop. Et stop. Et stop. Et encore stop… Ben moi, finalement, quand je serai grand, je ferai pas aveugle. C'est trop long pour les escaliers.

Tiens, je vois arriver maman, là-bas, toute petite. Et mon plan qui est même pas fini ! Faut que je me dépêche de rentrer, et Baluchon aussi.

Aujourd'hui j'ai appris des choses, quand même. Aveugle, c'est nul.

Et le bout du monde, c'est plus loin que derrière la gare.

17 **se dépêcher de faire qc** sich beeilen etw zu tun

Nel

Je me réveille en plein jour-nuit, comment savoir ? Je tâtonne. Sur la table de chevet, le réveil me tend ses aiguilles. Deux heures. Je n'aime pas sauter à pieds joints hors des rêves. Je sais que d'ici au lever il me faudra traverser un long désert de nuit polaire, tourne et retourne dans le lit, à me battre avec l'oreiller.

Je repense au gosse, sur la passerelle. Qu'est-ce qu'il fichait tout seul, à cette heure-là ? À son âge, on va à l'école, non ? Enfin, son âge… je le déduis de la hauteur d'où montait sa voix, du timbre aigu, des mots qu'il employait. Pour le reste, je ne m'y connais pas vraiment, en petits. J'ai senti sa peur devant Boussole. Et devant moi, aussi. Les gamins n'ont pas encore, autour du cou, ce collier étrangleur que l'on nomme la politesse. Ils s'exclament, commentent mon allure, le harnais de Boussole, mes lunettes noires *(noires ?)*. Ils s'écrient à hautes et claires voix qui trouent l'espace, le dévalent sans freins serrés :

« M'man, t'as vu le monsieur ? M'man, t'as vu son chien ? »

Les mères, aussitôt, *chut* !

Pourquoi ? Pour le cas où je serais aveugle par surprise ? Sans m'en être aperçu ? Ou bien pour m'épargner la peine ? C'est une erreur, le silence la rend plus vive. Il agrandit l'île déserte autour de moi. Parler de ma nuit ne me gêne pas. Si c'était le cas, je saurais dresser des barrières. Je sais dire *joker* ! et stop.

Le petit Nono, il avait des questions directes, t'y vois rien du tout, alors ? comment tu fais pour pas tomber ? J'aime autant ça. Il va là où la question se pose, comme Cécile.

3 **une table de chevet** *m* une table de nuit – 3 **tendre qc à qn** donner qc à qn – 3 **une aiguille** [egɥij] *ici :* Zeiger – 10 **déduire qc de qc** *ici :* etw aus etw schließen – 11 **un timbre** Klang – 14 **un collier étrangleur** Stachelhalsband – 15 **une allure** une apparence, un style – 17 **dévaler qc** descendre très vite le long de qc – 18 **un frein** Bremse – 22 **épargner qc à qn** jdm etw ersparen

Cécile… Elle me revient. Je recrée son parfum, sa voix de mosaïque, aux cassures imprévues, troublante. Du bout des doigts, dans le noir de la nuit, que multiplie mon regard inutile, je me rappelle le chemin parcouru sur sa peau.

La courbe des pommettes. L'arc tendu des sourcils. Le piège soyeux des cheveux *châtains*. Le mot s'épluche aussi mal que le fruit. J'ai beau chercher, qu'est-ce que cela évoque ? Châtain… Sans doute une couleur friable, un peu râpeuse, un peu sucrée. Une couleur qui mûrit à l'automne, qui se protège d'une armure hérissée de piquants. *Châtain* te va bien, ma Cécile. Je te pressens des humeurs acérées de bogues. Il faut te prendre avec beaucoup de précautions. Je devine sous le bouclier de tes rires une âme sensible, une douceur discrète à découvrir.

Les yeux *noisette*, avec un peu de *vert*.

Noisette ? Qu'est-ce que ça signifie ? Un œil tendre, qui se protège sous la coque ? Un regard lisse et rond, luisant ? Qui croque, et me ferait craquer ? J'aime aussi bien t'imaginer. Je me défends mieux de tes pièges.

Noisette, avec un peu de vert ?… Sortilège.

Vert, c'est une couleur acide, qui sent l'herbe coupée. Une couleur à se rouler dedans. Une couleur furtive de serpent.

Je ne sais pas si tu es jolie. Je ne sais pas ce que *jolie* veut dire. Cela fait partie de ces mots, plus hermétiques que des boîtes, dans lesquels je ne peux entrer. Langue étrangère, abstraite. Mots frontières…

2 **imprévu** ≠ attendu, planifié – 4 **parcourir un chemin** *ici :* suivre, prendre un chemin – 5 **un arc tendu** gespannter Bogen – 6 **soyeux** seidenweich – 6 **s'éplucher** *jeu de mots ici :* schälen; buchstabieren – 7 **évoquer** *ici :* an etw erinnern – 8 **friable** brüchig – 8 **râpeux** rau – 9 **mûrir** reifen – 10 **une armure** Panzer, Rüstung – 10 **hérissé de piquants** *mpl* mit Stacheln gespickt – 11 **une humeur** Laune – 11 **acéré** *ici : fig* scharf, spitz – 11 **un bogue** stachelige Fruchtschale der Kastanie – 12 **un bouclier** *fig* Schutzschild – 16 **une coque** Schale – 16 **luisant** → **luire** *ici :* strahlen – 17 **croquer qn/qc (des yeux)** jdn/etw mit den Augen verschlingen – 17 **faire craquer qn** *fam* jdn schwachmachen – 19 **un sortilège** une action magique – 20 **acide** *ici :* beißend – 21 **furtif** rapide et discret

Je te connais par bribes d'émotions. Fragments de gestes, petits courages aussitôt réprimés. Confidences encore un peu superficielles, échangées au cours de rencontres trop brèves. Avec, toujours, ce mélange curieux de calme et de fébrilité, quand tu es là. Ce sentiment de n'être bien qu'auprès de toi, écartelé ailleurs. Incomplet. Tu me troubles. Quelques moments à peine, et ma vie chamboulée. Mes humeurs noires : oubliées. Un espoir fou, qui me déchire et qui me démesure. J'ai peur. Je crois t'aimer.

On m'a raconté tant d'histoires de coup de foudre, dès le premier regard. Moi, je suis un livre fermé. Je n'ai pas tous ces mots sans paroles, prière silencieuse de l'œil qui s'attarde, ou qui fuit. Déclarations muettes. Balbutiements de cils, comme un battement d'ailes.

Je ne sais pas quelle émotion, ou quelle indifférence je fais naître chez toi. Moi, je n'ai que mes mains, pour voir si tu frissonnes. Par quel chemin es-tu passée, pour m'atteindre aussi fort, aussi vite, en plein cœur ? Penser à toi me blesse et me console, je ne sais pas départager la crainte du bonheur.

Cécile, tu sais ce que ton nom signifie, en latin ? *L'aveugle…*

Cécile, dont la voix m'illumine… Est-ce que tu crois aux chemins que tout aurait dû séparer, et qui, malgré tout, se rejoignent ? Est-ce que tu crois à la jonction des parallèles, toi aussi ?

J'aimerais t'écrire. Avec des mots posés sur le papier, pas froidement imprimés par mon ordinateur, et que je ne peux pas relire. Pas non plus en petits points marqués en haut-relief dans l'âme du papier. Un jour, je t'apprendrai ton nom, Cécile, dans mon alphabet domino.

1 **une bribe** une petite partie, un petit morceau – 2 **réprimer qc** etw unterdrücken – 2 **une confidence** un échange de messages intimes – 3 **bref, brève** court – 4 **la fébrilité** l'excitation *f* – 6 **être écartelé** hin- und hergerissen sein – 7 **chambouler qc** *fam* déranger qc – 8 **démesurer qn** *ici :* jdn überfordern – 12 **une prière** Gebet – 13 **muet, muette** *ici :* qu'on n'entend pas – 13 **un balbutiement** [balbysimɑ̃] les premiers mots peu clairs d'un enfant *fig :* une première action de qn – 14 **un battement d'ailes** *fpl* Flügelschlag – 17 **frissonner** *ici :* réagir – 19 **consoler** trösten – 19 **départager qc de qc** *ici :* faire la différence entre qc et qc

Je pense à toi, j'ai l'impression d'être au-dessus du vide. Au milieu de la passerelle, mais sans la rampe où m'accrocher. J'ai peur de croire, et peur d'être déçu. Et si tu avais pour moi, sans que je le sache, des regards pitoyeux ? Amitié de théâtre, faux-semblant, comédie ? Non. Tu n'es pas comme ça. Ta voix n'a jamais de trous d'ombre, tu parles clair, tu penses en terrain découvert. Rien de toi ne triche, ne se cache. Malgré tout, comment te rejoindre ? Quel endroit partager entre nous, si ma nuit ne te parle pas, et si ton jour ne me dit rien ?

Une vieille chanson, que fredonne souvent ma mère, trottine dans ma tête, d'un pas maladroit de gamin :

Un petit poisson,
Un petit oiseau
S'aimaient d'amour tendre,
Mais comment s'y prendre… ?

Comment jeter des ponts de lianes, au-dessus de l'abîme qui nous sépare, mais qui nous laisse nous frôler. Comment ?

Le réveil ouvre grands ses bras, les aligne sur l'horizon. Trois heures moins le quart. La nuit n'en finit pas.

Même quand vient le jour, elle reste là. Mais il me tarde que le soleil se lève pour les autres, qu'une nouvelle journée commence.

Au-delà des attendrissements collants de ma mère, des échos de la passerelle et des odeurs enfeuillagées du parc, il y aura le lycée, et *toi*, peut-être, qui laisseras tout au long des couloirs ton sillage fruité. Tu croiras me venir par surprise, persuadée que je ne peux t'apercevoir. Mais j'aurai décelé de toi la plus infime particule, dans ta façon de faire vibrer l'air, la résonance

4 **pitoyeux** plein de pitié *f* – 4 **un faux-semblant** *ici :* Verstellung – 6 **en terrain découvert** *fig ici :* ouvertement – 8 **partager qc** etw teilen – 10 **fredonner** chanter sans articuler – 10 **trottiner (ou trotter) dans la tête de qn** jdm im Kopf herumgehen – 16 **un abîme** Kluft – 23 **un attendrissement** Rührung – 27 **déceler** trouver

de ta voix. Avant même que tu ne parles, j'aurai souri *bonjour-ça va* ? Tu seras étonnée. Tu auras ce rire en cascade, surprise que j'aie pu te reconnaître sans te voir. Pourtant c'est facile, tu sais… Chaque voix est une estampille. Pas deux enjambées qui s'égalent, deux rires qui se confondent. Et les odeurs… Subtiles, intimes différences.

Tu es unique, Cécile. Tu es de santal, de fruits verts. Douceur indocile où foisonne un univers ensauvagé de cannelle, de mûre et d'ambre.

La paume de mes mains a gardé ton parfum. Je te respire, je te perds. Est-ce de partager le monde avec ma chienne ? J'y cours des traques de chasseur.

Il est cinq heures. Boussole a des soupirs nerveux, elle rêve. Dehors, la nuit doit être glacée, dans ces heures d'avant le petit jour. Hier soir, aux infos, on a annoncé le premier mort de froid de l'hiver. Une nouvelle qui revient, comme au printemps les hirondelles. Chaque année on s'émeut, et chaque année on meurt.

« C'est la vie !… », dit ma mère.

Justement, non.

4 **une estampille** un détail caractéristique – 5 **s'égaler** être identique – 5 **se confondre** être identique – 8 **indocile** qui ne se laisse pas facilement maîtriser – 8 **foisonner** *ici :* grandir, se développer – 8 **ensauvagé** wild geworden – 8 **la cannelle** Zimt – 9 **une mûre** Brombeere – 12 **courir une traque de chasseur** *ici :* treiben, hetzen – 14 **le petit jour** le début du jour – 17 **une hirondelle** Schwalbe – 17 **s'émouvoir** sentir une émotion

Laurence

Depuis ce matin, j'ai mes règles. J'avais oublié *ça*. Comme j'avais oublié, peu à peu, que j'étais une femme. De sexe féminin.

À peine levée, j'ai senti couler le filet chaud, humide. Je suis restée là, tétanisée par ce qui ressemble, dans ma situation, à un acharnement du destin. Au bord des larmes, sans savoir comment étancher cette honte liquide, qui menaçait déjà de traverser mon jean.

Le désespoir tient à peu de chose : je n'ai pas assez d'argent pour m'acheter des protections hygiéniques. Du coup, ça prend les proportions d'un drame.

Je n'ai qu'une obsession, me mettre à l'abri des taches et des regards.

Me ressaisir. Aller jusqu'à la pharmacie de l'avenue de la Gare. La plus grande. La plus anonyme. Expliquer au pharmacien que…

Arrivée là, statufiée devant la vitrine, impossible de pousser la porte : je ne peux pas me résoudre à entrer dans ce va-et-vient de clientes impeccables, servies par le préparateur souriant. J'essaye de trouver les mots, les différents moyens de présenter la chose. En vain.

Comment lui dire, à *lui*, d'une façon discrète : « J'ai mes règles, je suis en train de détremper mon jean, et je n'ai pas le premier rond pour payer ce dont j'ai besoin, pour tout de suite, et les jours à venir » ?

Découragée, pendant qu'une lourdeur insistante, pénible, commence de peser sur mon bas-ventre, je retraverse l'avenue,

5 **un filet de qc** *m* une petite quantité de qc – 6 **tétanisé** paralysé – 7 **un acharnement du destin** Hartnäckigkeit des Schicksals – 8 **étancher qc** etw stillen, stoppen – 8 **menacer de faire qc** drohen etw zu tun – 13 **se mettre à l'abri** *m* **de qc** se protéger de qc – 13 **une tache** Fleck – 15 **se ressaisir** sich wieder fangen – 19 **se résoudre** se décider – 20 **impeccable** *ici :* parfait – 20 **un préparateur** pharmazeutisch-technischer Assistent – 22 **en vain** sans succès – 24 **détremper** durchnässen – 25 **un rond** *fam* de l'argent *m* – 28 **peser** *ici :* drücken

pour aller m'asseoir sur le banc, face à la pharmacie, sur l'autre trottoir.

En m'échouant, je m'entends gémir, de déroute et de rage. Enfin, les larmes d'énervement, de fatigue, impossibles à retenir. Pitoyable ruissellement. En haut, en bas, incontinences. *Cycle* infernal, stupide, dégradant... Je suis indifférente aux passants qui assistent à mon naufrage. Je les déteste. Je les hais. Je me fous bien de ce qu'ils pensent, en me voyant comme ça, fripée, recroquevillée, mon blouson resserré sur moi, le col remonté haut. Ils voient seulement ce qui émerge, de mon chagrin public. Mais le malaise est un iceberg, le plus vaste ne se voit pas.

J'ai mal au ventre, ça gagne, ça irradie. Bruno ne va pas tarder à s'éveiller, là-bas, dans notre palace de glace. Je ne peux pas rester ici. Oh, mon Nono, j'en ai tellement marre, si tu savais, si tu savais...

Il faut que je me lève, que je bouge. À la seule idée de passer au buffet de la gare, pour aller demander nos sandwiches à Lucas, les sanglots redoublent. Y aller, *dans cet état-là* ? Aucune pensée n'en console une autre. Jusqu'à la nausée, je brasse la solitude, la douleur, l'échec. Je m'érafle de toutes parts. J'en veux au monde entier.

Une voix de femme, tout près de moi, questionne. J'entrouvre un peu le col de mon blouson, je relève, à peine, la tête. Je pose un œil méfiant sur l'intruse. Une bonne femme d'une quarante-cinquaine d'années, petite et grosse, les joues rouges, les cheveux mi-longs un peu gras, me regarde avec insistance.

3 **s'échouer** *ici :* s'asseoir lourdement – 3 **gémir** stöhnen – 3 **la déroute** ≠ le succès – 5 **un ruissellement** Rinnen – 6 **dégradant** entwürdigend – 7 **un naufrage** Untergang – 9 **fripé** zerknittert – 9 **recroquevillé** roulé en boule – 10 **émerger** *ici :* être visible au-dessus de la surface – 11 **le malaise** *ici :* le mal-être, la crise – 11 **vaste** grand, large – 13 **gagner** *ici :* sich verbreiten – 13 **irradier** ausstrahlen – 19 **un sanglot** Schluchzer – 19 **un état** Zustand – 20 **la nausée** Übelkeit – 20 **brasser qc** *ici :* penser toujours à qc – 21 **s'érafler** sich zerkratzen – 21 **de toutes parts** de tous les côtés – 22 **en vouloir à qn/qc** *fam* être en colère contre qn/qc – 25 **un intrus** Eindringling – 25 **une bonne femme** *fam* une femme

Elle compatit :

« Je peux faire quelque chose pour vous ?

– Quoi ? »

J'ai aboyé, hargneuse. J'ai très bien compris ce qu'elle venait de dire, pourtant.

Elle s'explique :

« J'étais à la pharmacie, tout à l'heure. Je vous ai vue hésiter devant la vitrine. On aurait dit que… Enfin, j'ai pensé que vous aviez peut-être besoin de quelque chose, non ?… En sortant, je vous ai aperçue, assise sur ce banc, alors… On dirait que ça ne va pas fort, hein ?

– …

– Est-ce que… vous avez besoin d'aide ? »

Je ne peux desserrer les dents. Besoin *d'aide* ? Rien de le dire…

Cette femme m'énerve, avec sa gentillesse louche. Je ne lui ai rien demandé. Elle me parle d'un ton amical, avec un sourire figé comme un masque, qui suit à retardement les mouvements des lèvres. Pourtant, il y a de la douceur dans ses yeux, j'en suis sûre. Je ne l'écoute pas. Qu'est-ce qu'elle veut ? Que je lui raconte ma vie ?

Je suis furieuse d'avoir été prise en flagrant délit de faiblesse. Je me sens nulle, pauvre, sale. La colère monte. L'autre insiste, imprudente :

« Alors, dites-moi, qu'est-ce qui vous arrive ? »

Hors de moi, j'ouvre grand le blouson, j'écarte bien larges les cuisses, je lui montre mon entrejambe trempé, la tache sombre, et je hurle :

« *J'ai mes règles* ! Voilà ! C'est *ça* que vous voulez savoir ? »

Je me replie aussitôt, genoux serrés à m'en faire mal, terrassée par ma vulgarité, par ma bêtise.

1 **compatir** avoir de la pitié, de la sympathie – 4 **aboyer** [abwaje] *ici :* brüllen – 4 °**hargneux** méchant – 16 **louche** *fam* pas clair, douteux – 22 **être pris en flagrant délit** *m* **de qc** être surpris en train de faire qc – 26 **écarter les cuisses** *fpl* Oberschenkel spreizen – 28 °**hurler** crier très fort – 30 **se replier** *ici :* fermer les jambes et baisser la tête – 30 **un genou** Knie – 31 **terrasser** niederschlagen

« Je vois… », fait-elle, au bout d'un bref silence.

Je lève les yeux. Elle est toujours là. Elle ne s'est pas enfuie, rouge de confusion. Elle a simplement l'air ennuyé, comme si elle réfléchissait (à quoi ?). Enfin, elle questionne :

« Serviettes ou tampons ?

– Quoi ? »

À nouveau, ce *quoi* ? qui m'échappe.

« Vous préférez des serviettes, ou plutôt des tampons, pour vous protéger ? »

Lueur d'espoir. Elle ne plaisante pas. Elle se propose vraiment de m'aider. Je bafouille, un peu radoucie, décontenancée :

« Je… je ne sais pas… »

J'ai failli ajouter *ce qui vous fera plaisir*.

Redresse la barre, Laurence. Tu chavires dans l'idiotie. La femme sourit. Non, elle rit plutôt, d'un petit rire clair, pas moqueur.

Elle enchaîne aussitôt :

« Bon. Eh bien alors, je ferai comme pour moi, d'accord ? »

Puis, sans attendre ma réponse, elle traverse l'avenue, d'un pas rapide et décidé, droit vers la Pharmacie centrale. Je ne la quitte pas des yeux. Mon regard l'attend au-dehors, pendant qu'elle est dans la boutique.

Elle ressort quelques minutes plus tard, un sachet de papier blanc à la main. Arrivée près de moi, elle hésite, puis remarque, pratique :

« Vous devriez vous changer tout de suite, vous devez être mal à l'aise, dans votre jean mouillé, *ma pauvre* ! »

Un instant, je crois reconnaître un accent familier, le même que ma mère. Le Sud affleure, pas très loin. Bizarrement, au lieu de m'agacer, ça me calme.

5 **une serviette (hygiénique)** Monatsbinde – 7 **échapper à qn** *ici :* jdm entfahren – 11 **bafouiller** ≠ dire qc avec clarté – 11 **se radoucir** se calmer – 11 **décontenancé** *ici :* surpris, un peu perdu – 14 **redresser la barre** *ici : fig* reprendre le contrôle de la situation – 14 **chavirer dans qc** *ici : fig* se perdre dans qc – 17 **enchaîner** *ici :* répondre – 29 **affleurer** *ici :* hörbar sein – 30 **au lieu de faire qc** anstatt etw zu tun – 30 **agacer** énerver

La femme cherche du regard autour d'elle, puis décide :

« Tenez, on va aller boire un café là-bas, au Petit Bar. Ils ont des toilettes très propres, vous verrez ! »

Je la suis d'un pas mécanique, docile, dépassée par l'étrangeté de la situation. Pour l'instant, je renonce à réfléchir.

Elle avait raison de me faire l'article. Le Petit Bar a des sanitaires propres à manger par terre. J'utilise un rouleau d'essuie-mains presque entier, en essayant de réparer les dégâts sur mon jean. Enfin, dans les toilettes, j'ouvre la poche qu'elle m'a tendue sans commentaires, avant d'entrer dans le café. C'est une fée que j'ai rencontrée là ! Elle m'a acheté de quoi parer aux fuites pendant deux ou trois cycles. Plus des cachets pour calmer douleurs de ventre, maux de tête, etc.

J'en prends aussitôt deux, fébrile.

Je mets une serviette *ultra-mince, adhésive, forme anatomique, flux normal.*

La dignité, ça tient à peu de chose. À peine au sec, me voilà redevenue un être humain. Soucieuse à nouveau de ma contenance, j'arrange mes cheveux, je me rafraîchis la figure, je vérifie mon reflet dans la glace… Le blouson est assez long pour cacher *mes misères,* comme aurait dit ma mère. (Tiens, deux fois aujourd'hui, moi qui ne pense jamais à elle, d'habitude.)

Je sors des toilettes, en me préparant, dents serrées, à bafouiller merci.

Elle m'attend, assise à une table. Elle a commandé deux cafés, quatre croissants.

Elle s'appelle Geneviève. En principe, on dit plutôt Ginou. Comme je n'aime aucun des deux, j'hésite. Je lâche, d'un ton sourd :

4 **docile** folgsam – 4 **dépassé** désorienté – 6 **faire l'article à qn** *fig* présenter qc à qn de manière positive – 7 **utiliser qc** etw benutzen – 7 **un essuie-mains** des serviettes en papier – 8 **un dégât** Schaden – 11 **parer à qc** *ici :* se protéger contre qc – 11 **une fuite** Leck – 14 **fébrile** fieberhaft – 15 **adhésif** selbstklebend – 17 **tenir à peu de chose** nicht viel brauchen – 18 **être soucieux de qc** faire attention à qc – 19 **une contenance** *ici :* une apparence

« Je ne peux pas vous rembourser… »

Elle lève un sourcil étonné. Elle me scrute. Je me crois obligée de préciser :

« Pour les serviettes…

– Pour le café et les croissants non plus, pas vrai ? »

Elle sourit, secoue la main, d'un geste c'est-pas-grave.

« Vous êtes un peu… enfin, un peu dans la dèche, non ? »

Elle pourrait me tutoyer : elle me nourrit, me paie mes couches… Je pourrais difficilement me vexer si elle se montrait familière. Mais non. Elle me dit vous. Comme Lucas.

Elle parle. Longtemps. Le cachet commence à faire effet, le ventre se dénoue, l'horizon s'éclaircit, la nausée n'est plus qu'un lointain souvenir. Il fait chaud.

Elle parle toujours. Elle se raconte, d'une drôle de voix hachée, qui laisse en suspens la moitié de ses phrases. Elle a connu la galère, elle aussi.

« Surtout, ne prenez pas mal ce que je vais dire, hein ?… Vous comprenez, moi, j'ai vécu dehors presque trois ans, alors je reconnais bien ceux… enfin, ceux qui sont à la rue… Vous, je parie que c'est récent, non ? Je dirais moins de six mois. Je me trompe ?

– À quoi voyez-vous ça ? »

Elle a gagné : je l'écoute, elle m'intéresse.

« La colère, *ma pauvre* ! La colère… Quand je vous ai parlé, tout à l'heure… vous savez, j'ai bien cru que… que vous alliez me mordre ! »

Je me racle la gorge. Je lui fais un sourire piteux. Elle rit.

« N'allez surtout pas vous excuser ! Ah non, dites ! La colère, c'est ce qui part en dernier, vous voyez ? Quand on n'a même plus ça, alors là…

1 **rembourser** *ici :* payer – 2 **scruter qn/qc** bien regarder qn/qc pour essayer de le comprendre – 6 **secouer** schütteln – 7 **être dans la dèche** *fam* ne pas avoir assez d'argent pour vivre – 8 **nourrir qn** donner à manger à qn – 9 **une couche** *ici :* une serviette hygiénique (p. 100) – 9 **se vexer** beleidigt sein – 12 **se dénouer** *ici : fig* sich entspannen – 15 **haché** *ici : fig* ≠ continu – 15 **laisser qc en suspens** *m* ne pas finir qc – 20 **parier** wetten – 27 **se racler la gorge** sich räuspern – 27 **piteux** *ici :* beschämt

– Alors quoi ?

– On ne se bat plus. Pour rien… Même pas pour soi. Et quand on a perdu… comment dire ? Perdu le respect de soi-même… bref ! »

Geneviève n'a pas le temps de rester davantage.

Enfin, dit-elle en prenant son sac, accroché derrière elle, au dossier de sa chaise, elle me racontera son histoire la prochaine fois. (La *prochaine fois* ?) Elle ajoute qu'elle a trop galéré pour rester égoïste. Depuis qu'elle est sortie du cauchemar, elle s'occupe des paumés dans mon genre. Elle ne dit pas *paumés*. Elle dit *malheureux*. C'est pareil.

Elle me rassure, rien n'est désespéré, dites, bien sûr que non. Surtout pour moi, qui suis si jeune.

« Quel âge, au fait ?

– Vingt-trois ans.

– Quelle misère, ça me déprime ! C'est l'âge de mon fils aîné ! Et dire que… »

Mais bon, allez, ce coup-ci, elle doit vraiment partir. Elle travaille à mi-temps, dans un bureau, pas loin. Il faudra absolument que je vienne à cette adresse, là. Elle me tend une petite carte. *Association les Saints-Innocents*. Je réprime une moue. Elle dit, gauchement, comme pour s'excuser :

« Ne vous fiez pas au nom ! C'est à cause de… enfin l'adresse, vous voyez ? 5 *bis*, rue des Saints-Innocents. Les habitués nous appelaient toujours comme ça, de toute façon, alors… Mais nous, on n'a rien de religieux, vous savez ! »

Geneviève s'est levée, je l'imite. Elle me fait rasseoir d'un geste : finissez votre café, dites, et les croissants surtout. Tout est réglé, ne vous inquiétez pas, mangez tranquille, prenez votre temps.

5 **davantage** *ici :* plus longtemps – 7 **le dossier** la partie d'une chaise où l'on repose son dos – 9 **un cauchemar** un rêve horrible – 10 **un paumé** *fam* une personne perdue moralement et matériellement – 16 **aîné** le premier né, le plus âgé – 19 **à mi-temps** halbtags – 21 **réprimer qc** etw unterdrücken – 22 **gauchement** unbeholfen – 23 **se fier à qc** *ici :* sich auf etw verlassen

Le temps, ce n'est pas ça qui manque. C'est bien la seule chose que je peux dépenser sans compter, maintenant.

Elle me tend la main. Le geste me surprend, me gêne. Depuis combien de jours je n'ai plus serré la main à quelqu'un ? Elle se penche vers moi. Elle chuchote, en confidence :

« Dites, ça vous ennuierait beaucoup si on se disait "tu" ? »

Je souris vaguement, non, non, ça ne m'ennuierait pas.

« Je ne sais même pas comment tu t'appelles ?

– Laurence.

– Laurence… »

Elle redit mon prénom d'une voix satisfaite. Est-ce que c'est *bien* de s'appeler ainsi ? C'était une épreuve peut-être ? Si j'avais répondu Sandrine ou Laetitia, j'aurais été disqualifiée ?… Je me sens soulagée de m'appeler Laurence.

C'est idiot.

Geneviève insiste :

« Tu viendras nous voir ? J'y suis… j'y suis tous les matins, ou presque ! Ah, et le jeudi toute la journée. On peut t'aider, c'est sûr. Alors, tu viendras ? Hein ? »

Je m'entends lui répondre un petit *oui* à peine audible, étouffé par une bouchée trop grosse de croissant.

Je la regarde s'éloigner. Je la suis longuement des yeux, dans la rue, au travers de la pub qui couvre la vitrine, et promet, le soir du 31, un fabuleux réveillon du Jour de l'An, animé par *Norbert Bouillet et ses Magic Lover's.*

J'ai déchiffré le message à l'envers, il est destiné aux passants, pas aux clients.

Je retrouve un moment des souvenirs de cotillons, de champagne, de fête.

Je me sens proche et loin du monde. À la lisière. Deux carreaux de la marge, pas plus. C'est suffisant.

2 **dépenser du temps** Zeit aufwenden; **dépenser de l'argent** Geld ausgeben – 12 **une épreuve** un test – 14 **soulagé** erleichtert – 20 **audible** hörbar – 21 **étouffé par qc** *ici :* durch etw gedämpft – 23 **une pub** *fam* Werbung – 23 **couvrir** *ici :* verdecken – 24 **le réveillon du Jour de l'An** *ici :* Silvesterparty – 26 **à l'envers** *ici :* spiegelverkehrt – 28 **un cotillon** un accessoire en papier pour faire la fête, p.ex. des confettis – 30 **une lisière** une limite, une frontière – 31 **un carreau** *ici :* Kästchen

Je pense à cette femme, Geneviève. Elle m'a aidée sans que je le demande. Moi, dans ma vie d'avant, je ne lui aurais pas adressé la parole. Je ne l'aurais même pas remarquée. Vieillissante. Banale. De ces femmes qui font le bien des autres malgré eux. Non, je ne suis pas reconnaissante. Rien à faire, je ne peux pas.

Passé l'émotion, le soulagement, je me reprends. C'est bien le mot. Je me reprends. Je n'ai pas, je n'ai jamais eu l'intention de me donner.

Mon café est fini. Il reste deux croissants, ils seront pour Bruno. Je sors, sous la pluie qui commence.

L'horloge de la gare me reproche le temps. Je courbe la tête, passe entre les gouttes, me fraie ma route dans le flot matinal des gens, que j'essaie de ne pas frôler. Je n'ai pas envie de passer voir Lucas, je veux rentrer *chez moi*. Je hâte le pas, mes doigts froissent machinalement la carte donnée par Geneviève. C'est la honte, l'amour-propre blessé.

Au carrefour suivant, j'éjecte de ma vie, boulette de papier froissé dans la rigole, l'Association des bienheureux Saints-Innocents…

L'averse me surprend, brutale. Elle cingle. Je cours. En quelques mètres à peine, me voilà trempée jusqu'aux os, mes baskets prennent l'eau de toutes parts, un filet de flotte gelée griffe mon dos à vif, entre les omoplates. Le vent me gifle à la volée, hache mon souffle, plaque mes cheveux dans mes yeux. Je cours en aveugle, bras tendus, dans la peur de tomber sur les trottoirs glissants.

Rue du Mail. Passerelle. Un coup d'œil en bas, machinal. Je sursaute de panique. Je me penche, un instant me suffit pour jauger les dégâts. Je dévale l'escalier branlant, celui que

3 **adresser la parole à qn** parler à qn – 12 **une horloge** Uhr – 13 **une goutte** Tropfen – 13 **se frayer sa route** sich einen Weg bahnen – 15 **°hâter le pas** marcher plus vite – 17 **l'amour-propre** *m* Stolz – 18 **éjecter qc de qc** *ici :* faire sortir qc de qc – 19 **une rigole** Ablaufrinne – 21 **une averse** Regenschauer – 21 **cingler** peitschen – 23 **la flotte** *fam* l'eau – 24 **griffer qc à vif** *ici :* tief zerkratzen – 24 **une omoplate** Schulterblatt – 25 **à la volée** avec force – 25 **plaquer** *ici :* platt drücken – 30 **jauger** einschätzen – 30 **branlant** instable

j'interdis à Bruno d'emprunter. La bâche, à moitié emportée par les rafales, a retenu la pluie dans les plis de sa peau imperméable.

Le toit est affaissé. Le carton tout entier se penche, un côté baigne déjà dans une mare. J'ouvre à la volée la porte ramollie, et manque l'arracher. Bruno dort encore, Baluchon dans ses bras. Je le prends, roulé dans son duvet humide, je le tire au-dehors, je serre contre moi sa tête ballottante. Je rabats d'un geste épuisé de rage le plastique, qui résiste, se gonfle au vent comme une voile, m'asperge d'embruns glacés. Je hurle, merde à la fin, saloperie de bâche, merde.

Nono est lourd, bien trop lourd. Il entrouvre un œil endormi, me bafouille des mots sans suite. Ma main sur son front, sur sa joue, me renseigne : il est brûlant. Je ne peux pas rester là, sous la pluie battante, il se mouille. J'abandonne notre vaisseau à son naufrage. Sauver les enfants et les femmes d'abord. Demi-tour. La passerelle nous abritera du déluge. Sans doute.

La bâche se soulève, s'abaisse, au gré de la bourrasque. Soudain, dans un claquement sonore, elle s'arrache tout à fait, s'envole, retombe gauchement, s'envole encore, en deux ou trois sursauts, comme un oiseau blessé, pour s'échouer enfin entre les rails, sur la première voie. À la merci du déluge, le carton s'affaisse. On dirait qu'il se met à genoux, qu'il se résigne. Blottie au pied du pont, je contemple sans réagir la catastrophe, les yeux secs.

À quoi servirait de pleurer ? Le ciel s'en charge.

1 **emprunter** *ici :* prendre – 2 **une rafale** Böe – 3 **imperméable** wasserdicht – 4 **s'affaisser** (sich) senken – 5 **une mare** große Pfütze – 5 **ramollir** aufweichen – 6 **manquer (de) faire qc** beinahe etw machen – 8 **ballottant** hin- und herrollend – 8 **rabattre** zurückschlagen – 9 **se gonfler** sich aufblähen – 10 **une voile** Segel – 10 **asperger de qc** mit etw bespritzen – 10 **un embrun** [ɑ̃bʀɛ̃] Wassertropfen – 15 **un vaisseau** *ici :* un bateau – 16 **(faire) demi-tour** *m* retourner – 17 **abriter de qc** vor etw schützen – 17 **un déluge** *ici :* la pluie très forte – 18 **se soulever** sich heben – 18 **s'abaisser** retomber – 18 **au gré de qc** *ici :* suivant le rythme/la force de qc – 18 **une bourrasque** Böe – 19 **un claquement** Schlag – 21 **un sursaut** Sprung – 22 **(être) à la merci de qc/qn** etw/jdm ausgesetzt (sein) – 24 **se blottir** *ici :* se réfugier – 24 **contempler qc** regarder attentivement – 26 **se charger de (faire) qc** s'occuper de (faire) qc

Cécile

Lorsque j'ai vu Nel, de loin, ce matin, j'ai compris brusquement à quel point je l'attendais. Je m'étais occupé la tête, tous ces jours-ci, pour ne pas penser.

Pas à *lui*. Je m'étais joué l'indifférence, sans écouter la voix têtue qui me récitait nos rencontres, nos conversations trop courtes, ces fragments de nous échangés. Ce penchant naturel qui me fait, doucement, glisser vers lui.

Et puis, quand j'ai reconnu ses cheveux de ciel ébouriffé, et le pelage clair de Boussole, au milieu d'un groupe de terminales... Vertige. Avec un autre que lui, j'aurais regardé ailleurs, j'aurais fait comme si. Mais Nel ne peut pas me voir. Je peux le regarder tant que je veux, il ne le saura pas. Il ne se moquera pas. Il ne tirera pas de fierté stupide de l'attention que je lui porte.

D'un côté, ça me sécurise. Et d'un autre, ça me déçoit.

Comment saura-t-il que... ? S'il faut le lui avouer plus clairement, avec des mots, je n'y arriverai pas.

Je m'approche du groupe, assez pour l'entendre. Il parle musique. Voilà un point commun sur lequel s'appuyer. Je sais quoi partager avec lui, maintenant.

À la sonnerie, les groupes se séparent, se diluent. Boussole s'est levée, elle attend. Nel la flatte du bout des doigts, donne un petit mouvement de harnais, et dit simplement : « Maths. »

Aussitôt, la chienne se dirige vers le bâtiment B, où se trouvent les salles de science. Je suis soufflée ! Comme je vais dans le même secteur, moi aussi, je fais demi-tour. Je le précède, d'un pas volontairement ralenti.

En me doublant, avec un beau sourire, Nel me glisse au passage, sans s'arrêter :

6 **têtu** stur – 6 **réciter** raconter – 7 **un penchant** *ici :* Neigung – 9 **ébouriffé** en désordre – 11 **un vertige** Schwindel – 16 **décevoir** enttäuschen – 17 **avouer** gestehen – 22 **se diluer** sich auflösen – 23 **flatter** *ici :* streichen – 29 **doubler qn** jdn überholen

« Alors, on ne dit plus bonjour ? »

Je reste clouée sur place. Il stoppe deux mètres plus loin, se retourne, et, tourné à demi vers moi, lance :

« Tu vas en quoi ?

– Bio. Salle 20.

– Avec qui ?

– Delapierrie.

– Delapierrie ? Je te plains !... Je suis avec Combeau, salle 24, tu montes avec moi ? »

Je lui emboîte le pas, en pressant l'enjambée pour arriver à sa hauteur. Il marche étonnamment vite, pour quelqu'un qui n'y voit rien. Aucune hésitation : il va droit son chemin sans s'occuper des autres, qui, naturellement, l'évitent.

Je suis sidérée. Comment fait-il ? Il se penche vers moi (il est vraiment très grand), et questionne, moqueur :

« Tu ne me demandes pas comment j'ai fait pour te reconnaître ?

– Heu... Mon parfum, peut-être ?

– Bingo ! Et puis ?

– ...?

– Ta démarche, princesse. Tempo particulier. Joli rythme ! Tu dois danser trop bien, toi, non ?

– Mfff...

– Alors, c'est que tu n'oses pas. Je ne me trompe jamais, dans ce domaine. Tu es faite pour danser, arrête un peu de discuter ! »

Je souris : je n'avais rien dit.

Déjà la salle 20. J'aurais aimé qu'elle soit dix kilomètres plus loin. Ma classe nous regarde arriver, chuchotis, yeux en coin. Je ne la connais pas très bien, mais pour ce que j'en ai vu, je ne

2 **rester cloué sur place** *fig* arrêter de bouger quand on est surpris tout à coup – 3 **lancer** dire – 8 **plaindre qn** être désolé pour qn – 10 **emboîter le pas à qn** suivre qn – 10 **presser l'enjambée** *f* aller plus vite – 14 **sidéré** verblüfft – 21 **une démarche** *ici :* une façon de marcher – 24 **oser faire qc** wagen, etw zu tun

vais pas me faire des tonnes de copains, par ici. Genre boules à boutons, faux-culs, constipés du sourire. Tout ce que j'aime.

« Tu m'attends, à midi ? » demande Nel.

Je réponds oui. Je rajoute, en pensée seulement : je t'attends à midi, ce soir, demain, et tous les autres jours de ma vie tout entière. Et les vies qui viendront après, aussi. Si tu veux.

« Alors à tout à l'heure, princesse ! »

J'aime bien qu'il m'appelle ainsi. D'un autre, qui saurait que je ne suis pas belle, je craindrais l'ironie. De lui, ça me touche profond, ça m'amuse et me trouble.

Il s'éloigne. Il longe le troupeau, en jouant à l'aveugle : bras en métronome, qui brasse largement l'air devant lui, pas hésitant. Les autres s'écartent, se tassent contre le mur.

Arrivé tout au bout de la file qui vient de se ranger peureusement pour lui, Nel claque de la langue : « Hue, Jolly Jumper ! » Puis il part *en courant* jusqu'au bout du couloir, dans le galop libéré de Boussole.

Dans les murmures stupéfaits, vaguement réprobateurs, j'éclate de rire.

Un autre rire en écho, plus discret. C'est un petit brun à l'air sauvage, qui ne desserre pas souvent les dents. Il a eu l'air d'apprécier le numéro de Nel, lui aussi. Tout n'est pas perdu. Il y a peut-être un être humain dans ma classe.

Nel avait raison. Delapierrie est un remède. La bio n'aura rien d'exaltant, cette année. Mais je m'en fous. D'autres exaltations me tiennent.

Dans la marge, j'écris ton prénom, Nel, Nel, Nel.

Mon Nel. Mon aile, mon fou à cheveux bleus qui s'envole très haut, mon oiseau libre et prisonnier. Tu planes au milieu

1 **une boule à boutons** *fam* Pickelgesicht – 2 **un faux-cul** *péj* Scheinheilige(r) – 2 **constipé du sourire** *péj* qn qui sourit difficilement – 11 **un troupeau** Herde – 13 **s'écarter** faire de la place – 13 **se tasser** se placer les uns tout contre les autres – 14 **une file** Reihe, Schlange – 14 **se ranger** aller sur le côté pour faire de la place – 15 **claquer de la langue** mit der Zunge schnalzen – 18 **réprobateur, -trice** missbilligend – 24 **un remède (soporifique)** *fam* Schlaftablette – 25 **exaltant** passionnant

d'espaces que tu ignores. Tu cours, là où tout devrait te faire trébucher. Tu mets des couleurs flamboyantes, dont toi seul ne peux profiter. Cheveux d'azur violent, tee-shirts pétards, j'ai cru à la provocation. C'était ça. Mais ta provocation, elle, n'est pas gratuite. Elle crie : moi, je ne vous vois pas, mais vous, vous ne pourrez pas dire que vous ne m'avez pas vu. Je ne peux pas vous regarder, mais vous, regardez-moi.

En quelques mots pudiques, tu m'as expliqué, l'autre jour, que tu souffres de la gêne qui t'entoure. On fait comme si de rien n'était, on ne parle pas de ta cécité, on l'ignore. Du coup, c'est toi tout entier qu'on efface. J'ai connu ça, un peu, dans ce silence lourd qui évitait, soigneusement, de parler du cancer de mon père.

Jusqu'au bout.

Toi, tu as su trouver une magnifique parade. Tu exploses de couleurs. Où que tu sois, on ne voit plus que toi. Toi, qui ne peux rien voir des autres. Je comprends tellement la dévotion qu'ils ont pour toi, dans ta bande. J'avais mis leur amitié sur le compte de ta fragilité. Je m'étais trompée. Ils t'admirent et ils ont raison. Tu m'impressionnes. J'aime ça.

Un déluge soudain me tire de mes rêves. Il pleut à seaux, dans un ricochement brutal et continu, qui martèle rageusement le toit de tôle du gymnase voisin.

La lumière s'en va, dehors. Dedans aussi, car tout disjoncte. Dans le brouhaha de la classe et les plaintes agacées du prof, j'ai une pensée pour toi, quatre salles plus loin. Ce noir soudain ne va rien changer à ta vie.

Je ferme les yeux, j'appuie doucement les mains sur mes paupières. Rien à faire, je ne peux pas imaginer le monde

2 **trébucher** stolpern – 2 **flamboyant** leuchtend – 3 **pétard** *fam ici :* knallig – 8 **pudique** *ici :* discret – 9 **entourer** umgeben – 10 **la cécité** Blindheit – 11 **effacer qn** *ici :* jdn in den Schatten stellen – 12 **soigneusement** systématiquement – 14 **jusqu'au bout** jusqu'à la fin – 17 **une dévotion** Verehrung – 19 **mettre qc sur le compte de qc** expliquer qc avec qc – 21 **pleuvoir à seaux** *mpl* wie aus Kübeln gießen – 22 **un ricochement** → **ricocher** *ici :* abprallen – 22 **marteler** hämmern – 23 **la tôle** Blech – 24 **disjoncter** quand un système électrique ne fonctionne plus

en noir et blanc. Lucioles de couleurs vives, zébrures de feu d'artifice, mouches claires qui trouent l'obscurité.

Tout me ramène à la couleur.

Tout à l'heure, à midi, on doit rentrer ensemble, toi et moi, jusqu'à la rue qui nous sépare. Tu vas me montrer ton chemin. Raccourci par la passerelle.

Midi, midi, midi…

Sans même m'en apercevoir, j'ai dessiné des petits cœurs joufflus tout le long de la marge. Dans chacun d'eux je dépose un N, puis un C. Je rajoute des jolies flèches, bien pointues. Je souris de mes graffitis de gamine amoureuse.

Et je tremble à peine effleuré ce mot-là.

Amoureuse.

Je ne veux pas t'aimer. Je ne veux pas.

Pas si fort, pas si vite. Pas en ayant si peur de me tromper et de te perdre. De me perdre et de te tromper.

Où se cache la certitude, comment savoir si c'est bien de l'amour ? Je me suis déjà crue amoureuse, et, chaque fois (pas si souvent quand même), la déception, l'impossibilité. Je cesse brusquement d'aimer quand tout semble vouloir se faire. Ou alors, rien n'arrive, et je souffre inutilement.

Dans tous les cas, je déçois ou je suis déçue.

Seulement, aujourd'hui, c'est un sentiment nouveau, qui m'effraie. Quelque chose d'immense, que je ne croyais pas pouvoir porter.

Un amour (oui, j'en suis sûre), bien plus grand que moi, qui me déborde, me tire vers le haut. Et me force à grandir.

Nel, je rêve de toi. Des envies imprécises, qui me nouent le ventre. Un sentiment de joie et de douleur mêlées. Besoin de te voir, de te parler, d'être près de toi. Prendre ta main.

1 **un feu d'artifice** Feuerwerk – 2 **une mouche** Fliege – 3 **ramener** *ici :* faire penser – 6 **un raccourci** un chemin plus court – 9 **joufflu** aux formes rondes – 10 **une flèche** Pfeil – 19 **une déception** Enttäuschung – 27 **déborder** *ici :* überrollen – 27 **forcer qn à faire qc** obliger qn à faire qc – 29 **mêler** mélanger

Te laisser découvrir autant que tu voudras tous les rivages qui t'attirent. Déposer un baiser câlin sur ta joue, par surprise. Puis un autre, furtif, sur tes lèvres. Et si tu me souris, si tu m'attires à toi, un autre encore, très intime et très tendre, pour nous mêler l'un l'autre dans la même douceur. Savoir le goût de ta peau. Sa tiédeur. Amarrer mes bras autour de ta taille, poser ma tête contre toi, me bercer au refrain obstiné de ton cœur.

T'écrire, des milliers de fois, je t'aime. Gravé, profond, dans la pierre ou le bois, pour que tu me comprennes entre les lignes, du bout des doigts.

Sur l'estrade, très loin de moi, Delapierrie tague le tableau noir à grands coups de craie illisibles. Sa voix est un ronron maussade, un long somnifère de mots.

La classe est plongée dans la pénombre. Dehors, ça sent l'hiver. Le temps s'est immobilisé, ma montre refuse obstinément de faire avancer ses aiguilles. L'heure s'étire, longue. Longue. Je ne sais que penser à toi.

Je suis paralysée par ce miracle : je t'ai rencontré. Tu existes. Tu es là.

1 **un rivage** Küste – 2 **un baiser** un bisou – 2 **câlin** liebevoll – 6 **la tiédeur** *ici :* la chaleur – 6 **amarrer** *fig* attacher – 7 **bercer qn** *ici :* jdn (hin und her) wiegen – 7 **obstiné** *ici :* qui se répète toujours – 8 **graver** einritzen – 11 **une estrade** un podium – 11 **taguer qc** *ici :* dessiner sur qc – 12 **illisible** qu'on ne peut pas bien lire – 12 **un ronron** Surren – 13 **maussade** triste – 13 **un somnifère** un médicament qui fait dormir – 14 **la pénombre** ≠ la lumière – 16 **s'étirer** *ici :* sich ziehen

Nono (et Baluchon)

La maison est cassée, et j'ai mal à la tête. Maman dit que c'est rien, ça va passer très vite, avec les cachets. La maison est cassée quand même.

Il pleut fort, mais fort ! Je crois bien qu'après, le ciel sera vide.

Maman est en train de sortir nos affaires. Moi, je suis sous la passerelle, j'ai pas le droit d'aller avec maman, faut rester à l'abri. Parce que sinon, on se mouille. Baluchon, il a voulu faire son malin, il a voulu sortir de sous la passerelle. Il est trempé comme une soupe, maintenant. Si maman l'engueule, bien fait pour lui. Moi, j'ai pas envie de rigoler, j'ai vomi mes croissants tout de suite, j'ai mal au ventre, j'arrête pas d'aller. J'ai fini le papier machin en serviettes Deluca, maman m'a donné du journal à la place. Elle dit que c'est pareil, c'est pas vrai, ça étale tout, et ça fait mal aux fesses, à force.

Je dis à maman, à un moment qu'elle ramène son duvet :

« Je vais mourir ?

– Mais ! Enfin… Bien sûr que non, minou ! Pourquoi tu dis ça ?

– Parce que j'ai tout vomi ! »

Elle sourit jusqu'aux oreilles, me poufigne dans les cheveux, dit que c'est juste une petite gastro-de-rien-du-tout, pas grave. Tant mieux, j'avais peur que ce soit les maladies de M. Barnouin, le gardien des canards. Parce qu'un jour, je me rappelle, j'avais touché une piqûre, chez François. C'était pour une prise de sang de maman. J'avais joué avec la piqûre en plastique, après. C'est l'infirmière qui me l'avait donnée. Je savais pas que ça donnait des maladies mortelles qui font vomir.

10 **faire son malin** *fam* sich aufspielen – 11 **(c'est) bien fait pour qn** *fam* es geschieht ihm/ihr recht – 13 **aller** *ici :* aller aux toilettes – 16 **étaler** *ici :* verteilen – 16 **à force** *fam* mit der Zeit – 22 **poufigner** *enfantin ici :* zerzausen – 23 **une gastro** *fam* **une gastroentérite** Magen-Darm-Entzündung

Mais si c'est rien qu'une gastro-de-rien-du-tout pas grave, alors je m'en fous.

Quand même, j'ai mal à la tête.

On va changer de maison. Maman a dit qu'on va aller voir une dame, qui va sûrement nous trouver une jolie chambre avec de vrais lits et des draps. Super ! Seulement comme elle me dit ça d'un air pas trop content, je sais pas si c'est super *super*, ou juste super…

En plus il faut qu'on soit bien sages, Baluchon et moi.

Moi ça va, mais Baluchon, pour le faire tenir tranquille, pffiou !

Maman a fini de tout mettre dans les sacs. Elle me dit, comme ça : « Tu vas pouvoir marcher, mon biquet joli ? »

Fastoche. Tiens, regarde.

Elle me dit que c'est bien, que je suis drôlement courageux, qu'elle est drôlement fière de moi. Si elle aurait vu la maison que je voulais lui faire, elle aurait été encore plus fière. Faut que je lui trouve un autre cadeau, pour Noël, maintenant. Moi, je sais ce que je veux : un camion de pompiers, avec la grande échelle, et une jumelle pour voir jusqu'au bout du monde.

« Tu peux marcher, toi aussi, Baluchon ?

– Pourquoi, où c'est qu'on va ?

– Dans une maison très jolie avec des lits et des draps.

– Et des frites ?

– Je sais pas.

– Moi, si y a pas des frites, je marche pas.

– Ben t'as qu'à rester, alors ! Je te porte pas, j'ai trop mal au ventre.

– Tu laisses Baluchon ici, mon canard ?

– Ben oui, il veut pas marcher tout seul.

– Je vais le mettre dans le sac, donne-le-moi. »

6 **un drap** Bettlaken – 13 **mon biquet** mein Zieglein – 19 **un camion de pompiers** Feuerwehrauto – 20 **une échelle** (Feurwehr-)Leiter – 20 **une jumelle** Fernglas

Ce Baluchon, il est drôlement pas courageux. Je suis drôlement pas fier de lui.

Maman dit qu'on y va, parce qu'il ne pleut plus, et qu'il fait trop froid pour rester sans bouger. On monte sur la passerelle. Je donne la main à maman. Pour pas qu'elle a peur. Quand on est au milieu, je vois venir le grand de l'autre jour, celui qui a des cheveux bleus et qui voit rien. Il est avec son chien. Et une fille.

Je fais :

« Coucou, Nel ! »

Il sourit, la fille aussi. Il dit, comme ça :

« Mais, c'est mon copain Nono ! Tu vas bien, Nono ?

– Non, je fais. J'ai mal au ventre. Mais je vais même pas mourir. »

Maman me serre la main un peu fort, elle leur dit : « Bonjour… », et elle me tire.

Je sens bien qu'elle veut pas discuter. Nel répond bonjour à maman, il l'appelle madame. La fille nous regarde d'un drôle d'air, maman et moi. Un air gentil, mais embêté, le même que maman les jours ça va pas bien. Comme aujourd'hui.

Le chien Boussole met son nez sur mes fesses, j'ai plus peur du tout, mais ça m'énerve un peu quand même. Nel la tire en arrière, assis, tttt, sage.

Il regarde vers moi, de derrière ses lunettes où il voit rien.

« Tu te promènes ?

– Non. Ma maison est toute cassée. Là, en bas. Alors on va chercher une autre maison, mais avec un lit et des draps, et…

– Viens, mon poulet. Tu l'ennuies, ce jeune homme.

– Une maison *avec un lit et des draps* ? rigole Nel.

– Et des frites ! » crie Baluchon, dans le sac de maman. Y peut crier tout ce qu'il veut, lui, on l'entend pas. Quand on s'en va, la fille dit à Nel, pas fort :

19 **d'un drôle d'air** d'une façon étrange – 19 **embêté** gêné

« Il y en a qui n'ont pas de chance, quand même !... » Ben oui, mais s'il avait pas fait son intéressant, on l'aurait pas enfermé dans le sac de maman, Baluchon. Maman me tire trop vite. Elle voit bien que je traîne, alors elle me prend dans ses bras. Elle me fait un bisou sur la joue, elle demande :

« Tu le connaissais, ce grand garçon, mon poussin ?

– Oui, c'est Nel. Il y voit rien. Rien du tout !

– Il est *aveugle*, tu veux dire ?

– Oui. Des yeux.

– Oooh, le pauvre !... »

C'est comme pour Baluchon. Y en a qu'ont pas de chance. Les pauvres.

Maman me porte jusqu'au parc. On se repose sur un banc. Pas longtemps, parce que c'est tout mouillé, je vais tremper mon pantalon. Déjà que. On repart. À la grande grille, on s'arrête. Maman regarde le plan de la ville, avec une vitre dessus.

« Tu fais quoi ? » je dis.

Elle cherche une rue. La rue de la dame qui aura peut-être un lit pour nous. *Peut-être* seulement, hein ? Pas *sûr*. Elle parle beaucoup, j'écoute pas bien tous les mots, ça finit par « ... aux Saints-Innocents ».

Elle doit être drôlement gentille, cette dame. Baluchon s'énerve dans le sac de maman. Je lui sors juste un peu la tête, qu'il respire.

« Si tu dis des gros mots, je te range !

– Ah, fait maman, voilà ! J'ai trouvé ! C'est pas bien loin, tu vois : nous, on est ici, et on va aller, voyons... là !

– Où c'est qu'on va ?

– Aux Saints-Innocents, je t'ai dit. Allez hop ! »

Je tends les bras, parce que j'ai mal aux jambes. Et à la tête.

« Je pourrai leur donner à manger ? J'ai le droit ?

– ... Donner à manger à qui, mon poulet ?

– Aux singes ? »

4 **traîner** *fam ici :* ne pas marcher vite – 9 **aveugle des yeux** *enfantin* „augenblind" – 28 **voyons** also – 34 **un singe** Affe

Maman me fait sa main sur la tête, pour la fièvre. Elle dit *mmmhhh.*

« Oui, oui, bien sûr, mon bébé. Tu leur donneras à manger tout ce que tu veux… Allez, on ne va pas traîner là. Hop, je te porte.

– Tu me chantes une chanson ?

– Laquelle ?

– *Le Petit Bossu…* »

J'aime bien quand maman me porte. Je suis haut, je peux presque toucher les feuilles des arbres. C'est trop bien. Moi, quand je serai grand, je serai *grand.*

M. Barnouin est dans sa petite cabane. Comme il lit le journal, il voit pas mon « coucou ».

On marche vite, sur les jambes de maman. Il me tarde d'y être.

Baluchon me chuchote :

« Tu sais comment c'est, toi, des singes Inossan ?

– Comme des simpangés. Grand comme ça.

– Et ça mord ?

– Pffiou, si ça mord ! »

Je dis juste ça pour lui fiche la trouille. N'empêche, autant, ça mord ?

Maman chante essoufflée, parce qu'elle marche vite. Elle me met la main pour la fièvre sur la tête, tout le temps, sans me regarder. Si elle continue, sûr qu'elle va me flanquer les doigts dans l'œil. Faut que je fais gaffe.

Tiens, il pleut.

Il mouille.

C'est la fête à la grenouille.

4 **traîner** *fam ici :* rester longtemps – 8 **un bossu** Buckeliger **Le petit Bossu** *chanson française pour les enfants* – 12 **une cabane** une petite maison – 14 **il me tarde de faire qc** j'ai très envie de faire qc – 17 **des singes Inossan** *enfantin* **des Saints Innocents** – 18 **simpangé** *ici :* un chimpanzé – 21 **n'empêche, autant** *fam* aber trotzdem – 23 **essoufflé** außer Atem – 25 **flanquer** *fam* stecken – 27 **Tiens, il pleut … grenouille.** paroles d'une *comptine* (Abzählreim) française

Laurence

Je marche sans m'arrêter. La pluie redouble. Mon bras me tire, me fait mal. Nono pèse de tout son poids, tout mou. Il est encore chaud, malgré le cachet que je lui ai donné. Tout à l'heure, il devait avoir une sacrée fièvre. Chaque fois qu'il est malade, c'est pareil : des fièvres de cheval, mon bébé.

Non, des fièvres de poulain…

Je lui chante sa chanson préférée, tout en allant le plus vite possible. Le mal au ventre de ce matin se réveille. Mon sac à dos me scie l'épaule. Le réchaud de Lucas, mal arrimé, bat la mesure contre mes jambes à chaque pas.

Certains jours sont trop difficiles. Il faudrait pouvoir les vivre en plusieurs fois.

Je rumine des pensées noires, pénibles à digérer. J'ai cru que je m'en sortirais seule. Besoin de l'aide de per-sonne, Laurence.

J'acceptais tout. La maison de carton. Le sol tellement dur sous la hanche, à peine adouci par les épaisseurs de journaux étalés. Les duvets trop minces pour le froid tenace, qui s'infiltre dans la moelle des os. Le régime croissants rassis, sandwiches de la veille. Je supportais le temps passé à ne rien faire, malgré moi. L'absurdité de mendier pour survivre.

Un simple orage vient de m'ouvrir les yeux de force. Une saloperie de pluie d'hiver glacée. La réalité, comment l'ignorer, à présent ?

Ma vie était sinistre, la voilà sinistrée. La niche de carton se détrempe, là-bas, sous notre arcade. Cet abri minable, nul, en

3 **mou, molle** *ici :* schlaff – 5 **sacré** *fam* heftig – 6 **une fièvre de cheval** *m* hohes Fieber – 7 **un poulain** Fohlen – 8 **tout en faisant qc** während jd etw tut – 10 **scier l'épaule** *f ici :* in die Schulter einschneiden – 11 **battre la mesure contre qc** *ici :* im Takt gegen etw schlagen – 14 **ruminer qc** *fig* etw wiederkäuen – 14 **digérer** verdauen, verarbeiten – 17 **une °hanche** Hüfte – 17 **une épaisseur** Schicht – 18 **tenace** andauernd – 19 **la moelle** [mwal/mwɛl] **des os** *mpl* Knochenmark – 19 **un régime** *ici :* ce que l'on mange chaque jour – 19 **rassi** trocken – 22 **faire faire qc à qn de force** obliger qn à faire qc – 25 **sinistré** zerstört

dehors de la vie, c'était quand même le mien. Où est ma place, maintenant ?

Elle me semble tellement loin, cette nuit de septembre, passée dehors, sur un banc, à la belle étoile, dans ce qui était un reste de bonheur. Il fait froid. Décembre a dépouillé les arbres, l'averse dilue tout, brouille tout. On se croirait au crépuscule, tellement le ciel s'assombrit.

Je me croyais tout en bas de l'échelle. Non : une trappe vient de s'ouvrir au ras du sol ! On peut tomber plus bas. Toujours, toujours plus bas. C'est un sale vertige.

Je marche. Pour l'instant, ne pas réfléchir. Surtout, ne pas penser à ce qui va se passer, quand j'aurai sonné à la porte de cette association.

Ne pas imaginer ce qui peut arriver après. Le problème urgent à résoudre : Nono est malade, il fait un temps pourri, nous sommes à la rue, et la rue est hostile.

Sur les places, on dresse déjà les sapins. Bientôt les petites lumières, les pères Noël chômeurs payés pour la photo. À la télé, les pubs de jouets chers. Dans les vitrines, derrière notre pauvre reflet, monstrueux tas de bouffe, débauche de décors scintillants, gaspillage.

Et moi, je ne sais pas où dormir ce soir, avec mon fils de cinq ans et demi.

C'est la colère qui me tient. Elle avait raison, Geneviève. Une rage terrible, contre ces gens qui flânent en prévision des fêtes, sans me voir.

Contre François. Contre moi-même, paumée, larguée, éliminée.

4 **à la belle étoile** dehors – 5 **dépouiller** *ici : fig* entblättern – 6 **diluer** auflösen – 6 **brouiller** *ici :* trüben – 8 **une trappe** Klappe – 15 **pourri** *fam* mauvais – 20 **des tas** *mpl* **de bouffe** *f fam ici :* Unmengen Essen – 20 **une débauche de qc** *ici :* une trop grande quantité de qc – 21 **scintiller** [sɛ̃tije] funkeln – 21 **un gaspillage** [gaspijaʒ] Verschwendung – 25 **flâner** se promener tranquillement – 27 **paumé** *fam* perdu – 27 **largué** *fam* perdu

Boulevard Jean-Jaurès, place des Teinturiers, rue des Arts… Je me récite sans arrêt l'itinéraire, la rue des Saints-Innocents ne doit plus être loin.

La voici. Une petite rue en pente, qui monte paresseusement.

Je compte les numéros sur les portes. Côté impair. 3, 5… 5 *bis*.

Courte volée de marches, façade étroite, de guingois. Sur la porte d'un vert passé, une pancarte de bois blanc, aux lettres peintes : « Association des Saints-Innocents ».

À l'instant où je vais sonner, la porte s'ouvre, une jeune femme apparaît sur le seuil, elle tient une petite fille par la main. Je m'écarte pour la laisser sortir, mais elle maintient la porte ouverte, s'efface, et me fait signe de monter.

Hochements de tête, sourire, elle descend les marches en cavalcade, et s'éloigne d'un pas pressé. J'entre. Un long couloir aux murs défraîchis. Tout au bout, une porte vitrée, qui laisse entrevoir une cour.

Sur le mur de droite, un panneau surmonté d'une flèche :

BIENVENUE AUX SAINTS-INNOCENTS !
PREMIÈRE PORTE À DROITE EN SORTANT DANS LA COUR

Je ne regarde ni les murs lépreux, ni les affichages. Je réprime l'envie de faire demi-tour, de partir en courant. D'un geste maladroit, je remonte Nono sur ma hanche, rajuste la bretelle du sac, et franchis la distance qui me sépare de la cour, trop fatiguée pour écouter ma peur.

2 **un itinéraire** une route, un chemin – 4 **en pente** *f* steil – 4 **paresseusement** *ici : fig* lentement, en prenant son temps – 6 **impair** ungerade – 8 **une volée de marches** *fpl* ein paar Treppenstufen – 8 **étroit** ≠ large – 8 **de guingois** *m* schief – 9 **passé** *ici :* verblasst – 9 **une pancarte** Schild – 12 **un seuil (de porte)** Türschwelle – 14 **s'effacer** *ici :* laisser de la place – 15 **un hochement de tête** un mouvement de la tête – 16 **en cavalcade** *f* en courant et en faisant du bruit – 17 **défraîchi** ≠ neuf – 19 **surmonté de qc** au-dessus duquel il y a qc – 22 **lépreux** verwittert, verfallen – 24 **rajuster** mieux placer – 24 **une bretelle** Trageriemen – 25 **franchir une distance** *ici :* eine Distanz zurücklegen

Nel

Je t'ai promis de te montrer le raccourci, princesse, en prenant par la passerelle.

Tout le long du chemin, sous l'averse, tu calques ton pas sur le mien, avec application, comme si tu voulais faire un accord parfait avec nos deux musiques. En traversant le jardin public, ton parfum se mélange à l'odeur de la pluie. C'est harmonieux, paisible. Terre humide, sous-bois, et ta douce tiédeur.

Je marche près de toi, séparé de ta peau juste par un frisson. J'espère un roulis de caillou, pour que ton pas chancelle, pour un effleurement plus près, un appel au secours de ta main sur la mienne. Je ne suis plus que ça : une attente, un désir.

Tu me parles de ton enfance. Le Sud-Ouest. L'océan. J'entends le roulis, je crois flottiller dans les doigts de l'écume, léger comme un bouchon. Rien ne me pèse plus. Ta présence suffit à ouvrir l'horizon. Oubliées, mes révoltes inutiles, qui blessent, abîment. D'un seul mot, tu calmes mes peurs. Près de toi je me fais limpide, j'apprivoise tous mes remous.

Tout de toi, je veux tout connaître. Tes pourquoi, tes comment. D'où viennent tes rires cascades. D'où vient cette pudeur tantôt grave, tantôt légère. Cette tendresse, à cœur ouvert, mal protégée, proche de la fêlure.

Je crois à un amour possible. Je te sens si proche de moi. Je n'ai plus peur de la frontière entre ton jour et ma nuit. Si je te fais l'amour, princesse, tu fermeras les yeux aussi. Nous serons tous les deux sur le versant obscur de la lumière.

Prendre ta main. Il suffirait d'oser le geste. Oser… Je n'ose pas.

4 **calquer** *ici :* anpassen – 5 **avec application** fleißig – 8 **un sous-bois** Unterholz – 10 **un roulis** *ici :* un roulement – 10 **un caillou** Kiesel(stein) – 10 **chanceler** schwanken – 14 **le roulis** *ici :* le mouvement d'un bateau sur la mer – 14 **flottiller** [flɔtije] *licence poétique* sanft treiben – 14 **l'écume** *f* la mer – 15 **un bouchon** *ici :* Korken – 18 **limpide** clair, pur, transparent – 18 **apprivoiser** *ici :* essayer de comprendre et de contrôler – 18 **un remous** *fig* un mouvement fort de l'eau – 21 **une pudeur** *ici :* Zurückhaltung – 21 **tantôt… tantôt** mal … mal … – 22 **une fêlure** *fig* Knacks – 26 **un versant** un côté

Au milieu de la passerelle, on a croisé le petit gosse, « Nono ». Il était avec sa mère. On a échangé deux ou trois mots sans importance.

Lorsqu'ils sont repartis, Cécile a murmuré :

« Il y en a qui n'ont pas de chance, quand même !...

– Pourquoi ? »

Un silence trop lourd pour n'avoir pas de sens. Puis les mots, pour me dire :

« Le gosse et sa mère, là... si tu avais vu dans quel état ils sont, ça fait pitié ! Leur maison, je peux la voir d'ici. Le gamin la montrait, en bas, en te parlant. Je te raconte pas. C'est pire que la zone, Nel. Tu sais ce que c'était, leur *maison* ? Un grand carton pourri, dégueulasse... C'est pas possible... Tu te rends compte ? Vivre *comme ça* ?... »

Elle est indignée, bouleversée. Je m'empare de ses images, j'en fais mon propre cinéma. Un grand carton pourri, qu'est-ce que ça peut avoir comme allure bancale ? J'ai du mal, avec ce que je ne sais pas, avec ce que je n'ai jamais touché, que je ne peux imaginer. Pour émouvoir Cécile à ce point-là, ça doit être une vraie vision de cauchemar. Je bâtis du pire, à la hâte. Est-ce que le pire est assez noir ? Je pose les mains sur la rambarde, me penche vers le triste univers de Nono. Moi qui venais pleurer mes chagrins sur sa tête...

Il vivait là depuis combien de temps, ce gosse ? Combien de fois on est passés par-dessus lui, les uns, les autres, sans se douter de sa présence, sans savoir ?

Je sonde le néant sans avoir de réponse. J'ai des pensées confuses de hasard, de routes croisées. Frôlées. Brouillons de rencontres.

12 **la zone** *ici :* la pauvreté – 13 **se rendre compte** *ici :* réaliser, imaginer – 15 **bouleversé** erschüttert – 15 **s'emparer de qc** prendre qc – 17 **une allure** une apparence, un air – 17 **bancal** *ici :* wackelig – 20 **bâtir** construire – 20 **le pire** das Schlimmste – 20 **à la °hâte** vite – 26 **se douter de qc** *ici :* savoir qc – 27 **sonder** erkunden – 27 **le néant** Nichts

Ma princesse s'est appuyée contre moi. On dirait un oiseau qui tremble. Mon bras s'enroule à son épaule, sa tête niche dans mon cou.

Un court instant plus tard, un train nous assourdit. Mais on s'en fout.

4 **assourdir qn** jdn taub machen

Laurence

L'homme qui m'a ouvert s'appelle Jean-Christophe. Il est gentil, attentif. Il m'a posé quelques questions, pas trop, avec délicatesse. J'ai essayé de tout lui expliquer. Tout ce qui me semblait important. La vie dehors. Le froid. Nono. La solitude. L'envie de bosser. Il me rassure : en tout cas, j'ai bien fait de venir ici. Comment j'ai entendu parler de l'association ? Ah, c'est Geneviève qui... ? Bien. C'est bien que je sois venue. J'ai eu raison.

Évidemment, on ne peut rien me promettre, je le comprends ? Il y a tellement de chômage, de gens dehors en plein hiver, la crise, foutue crise. Mais bon, faut pas désespérer non plus. On va pas tous rester la tête dans le sac. Un petit boulot, c'est toujours possible. Ça prendra le temps qu'il faudra. Pour un vrai travail, là, c'est pas *sûr*, seulement *peut-être...*

Jean-Christophe remplit une fiche, calcule. Il prévoit un *après*, un logement social, les aides auxquelles j'ai droit.

Il sourit. Bon, en attendant, si on s'occupait un peu des *vraies* urgences : prendre un bon café, par exemple ! *Noir, deux sucres ?*

Je dis oui. Je souris aussi.

S'il croit à l'avenir, c'est sûrement parce qu'il y en a un.

Nono dort. On lui a mis un suppositoire. L'infirmière de l'association vient tous les jours, vers cinq heures. Elle montera le voir.

10 **évidemment** [evidamɑ̃] bien sûr – 12 **foutu** *fam* verdammt – 17 **remplir qc** compléter qc – 17 **une fiche** un formulaire – 18 **un logement** un appartement – 20 **une urgence** *ici :* dringende Sache – 23 **l'avenir** *m* le futur

Je n'ai pas peur. Je le connais, mon petit prince, je sais qu'il ira mieux. On l'a couché en haut, dans la chambre claire qu'on va partager avec l'autre mère, celle qui a une petite fille.

Celle que j'ai croisée, en arrivant.

Il pleut toujours. Le front collé aux carreaux, je regarde, sans vraiment les voir, les flaques qui s'élargissent peu à peu, la cour étroite, les murs lépreux, le ciel.

C'est pas le bonheur, d'être ici. J'ai le cœur trop frileux. Pour le bonheur, je vais attendre encore un peu. C'est quelque chose d'autre. Comme un poids lourd que l'on porterait un moment à ma place.

Quelque part du côté de la gare de marchandises, sur la première voie, le train de midi vingt a sûrement déchiqueté la bâche.

La maison de carton de Nono-Baluchon doit être écroulée dans la flotte.

Le loup peut bien venir, cette fois.

On n'est plus là.

8 **frileux** sensible au froid – 13 **déchiqueter** zerfetzen – 15 **écroulé** tombé – 16 **la flotte** *fam* l'eau *f*

Biographie

Née en 1957 près de Bordeaux, Marie-Sabine Roger vit entre la France et la Réunion. Depuis plus de dix ans, elle se consacre entièrement à l'écriture. Son travail est très reconnu en édition jeunesse, où elle a publié une centaine de textes, souvent primés.

Bibliographie (romans)

Voisin rime avec assassin, Éditions Nathan, 1996.
Bon anniversaire Philomène, Epigones, 1997.
Le Mystère Esteban, Éditions Hachette, 1997.
Le Piège à fées, Lito, 1997.
Le Vent de la colère. Éditions Hachette, 1997.
Les Sources du mal, Éditions Hachette, 1997.
À la vie, à la…, Éditions Nathan, 1998.
Pitié pour les voleurs, Casterman, 1998.
Sauve-toi, sauve-nous, Éditions Nathan, 1999.
Dakil le magnifique, Pocket Jeunesse, 2000.
Le Château de Pierre, Éditions Nathan, 2001.
Le ciel est immense, Éditions Le Relié, 2001.
La Moitié gauche de la lune, Pocket Jeunesse, 2002.
La Saison des singes, Bayard Jeunesse, 2002.
Dakil, roi des gnomes, Pocket Jeunesse, 2003.
Le Quatrième Soupirail, Éditions Thierry Magnier, 2004.
Le Royaume des reines, Éditions Thierry Magnier, 2004.
Un simple viol, Éditions Grasset, 2004.
Une poignée d'argile, Éditions Thierry Magnier, 2004.
L'Odyssée de Dakil le Grand, Pocket Jeunesse, 2007.
La tête en friche, Éditions du Rouergue, 2009.
Et tu te soumettras à la loi de ton père, Éditions Thierry Magnier, 2010.
Vivement l'avenir, Éditions du Rouergue, 2010.
Bon Rétablissement, Éditions du Rouergue, 2012.
Liberté(s), Éditions Thierry Magnier, 2013.
Trente-six chandelles, Éditions du Rouergue, 2014.
Le terrible Effaceur, Éditions Thierry Magnier, 2015.